自信練習

內向者的氣勢培育，成功者的後天素養

伊安·羅伯森——著

廖亭雲——譯

獻給費歐娜——妳讓我瞭解到大腦的奧妙——致上愛與感謝

Contents

引言

請想像一下，有種新發現可以讓我們變得更富有、更健康、更長壽、更聰明、更寬容、更快樂、更積極也更創新。你也許會心想，太誇張了，但事實上，這種新發現已經成真。

這個萬靈丹究竟是什麼呢？信心。信心之於人的積極進取，就如食物之於人的身體，少了其中一者，我們都會委靡而死。如果你有信心，就能讓自己具備能力企及超乎想像的高處，反之則可能對你的未來發展造成毀滅性的影響，無論客觀而言你的成就有多高。

網球界傳奇人物大威廉絲（Venus Williams）在十四歲時，當ＡＢＣ新聞台問她是否有信心在下一場可能會相當膠著的比賽中擊敗對手，她的回答是：「我很有信心。」記者略顯驚訝地追問：「為什麼妳可以回答得這麼自然？」「因為我相信自己很有信心。」這位未來的球后用理所當然的口氣說道。[1]

將近二十五年後，二〇一八年大威廉絲接受《紐約時報》（*New York Times*）採訪[2]時表示：「我覺得自己之所以有這樣的成就，是因為我相信自己，而且我發現這種信心是從學習和培養而來。其實，我每天都會鍛鍊我的自信心，就像去健身房或在球場上訓練一樣。」本書會從科學和精神科學的角度探討信心究竟是能夠後天習得的技能，或必定是與生俱來的天賦。

樂觀、希望和自尊都是很容易和信心混為一談的概念，不過我會在後文說明，這些概念和信心有一項根本上的差異：信心可以驅使行動。你可以是樂觀的人，滿懷所有問題到最後都會迎刃而解的希望，但卻從不相信自己有能力影響結果，或者更明確地說，那份樂觀完全沒有建立在現實的基礎之上。你也可以有很高的自尊心，自我感覺良好，卻沒有自信能達成特定的目標。

未來充滿不確定性，而信心是一種面對未來的心態，因為預期會成功而排除了未來的不確定性。自信指的是經過計算後篤定自己多半會獲勝，而這份篤定是源於過去的表現。信心之所以可以創造未來，是因為行動奠定了基礎。而且就如大威廉絲所說的，信心可以經由學習獲得。

信心的組成分為兩個部分：第一部分是你篤定自己可以做到某件事，也就是所謂的「可以做到」（can do）元素；第二部分則是認為自己做到某件事之後世界會稍有改變的信念，也就是所謂的「可以實現」（can happen）元素。

也許你確信自己可以做更多運動（可以做到），但卻懷疑這是否能真的幫助

* 由於全書註解、文獻、資料來源繁多，詳細請見 P335 QR CODE。

你減重（無法實現）。或者，也許你認同如果人人都降低化石燃料用量就可以減緩全球暖化（可以實現），卻不認為自己有辦法減少使用量（無法做到）。如果要讓信心發揮百分之百的強大作用，就需要徹底結合內心世界「可以做到」以及外在世界「可以實現」這兩大信念。

因此，實現可能性的關鍵就在於信心。信心是通往未來的橋梁，是人類獨有的能力，可以設想出尚未存在的事物，並且以此為目標努力。數千年以來，信心驅動著全體人類進步，從醫學技術突破讓人類壽命得以延長，到美國太空總署（NASA）將航海家一號（Voyager 1）送上銀河系都是如此。

一九六一年五月二十五日，美國總統約翰．甘迺迪（John F. Kennedy）向特別舉行的美國國會聯席會議宣布，美國要在十年之內讓人類登上月球。甘迺迪並不知道達成這項目標的方法——在他發表演說的當下，火箭、所需的技術和知識都還不存在。即便如此，當時蘇聯在太空旅行領域有突出的表現，因此激勵了甘迺迪展望構想中的未來成就，並且展現出可以實現目標的信心。這樣的成就也真的實現了——就在一九六九年七月二十日。

這項成就並不是因為單一個人的信心而實現，甘迺迪所激發和展現的其實是整個國家對於共同目標的信念。因此，我在本書中探討的不只是個人層面，抱持能取決於滿懷信心或喪失信心的蔓延程度。美國「鏽帶」（Rust Belt）社群從一九八〇年代開始逐漸式微，不只是因為產業沒落，也因為信心低落有如病毒般四處傳染，逐漸侵蝕當地人的士氣，有雄心壯志想解決問題的人也因此轉身離開。一如個人層面的信心，集體信心也可以經由學習獲得，我們會在本書後半部談到這個主題。

研究證實這種傳染性也會透過家庭、運動、商業、社區和整個國家蔓延，而在信心消長的同時，人的大腦和其他身體部位的生理狀況都會出現明顯的變化。[7]舉例來說，只要你有信心能夠面對害怕的事物，就可以有效刺激免疫系統，儘管你還是有恐懼感。[8]因為有信心，你正視自身焦慮的可能性會大幅提升。反之亦然：如果你對於自己面對恐懼的能力沒有信心，成功化解恐懼的機率就會降低。

那麼「信心」究竟是什麼？我們都以為自己知道信心的樣貌，但唯有透過深入探討近幾十年來的傑出科學研究，才能真正理解這個概念。信心會以什麼形式顯現在我們的心理、大腦，甚至是身體狀態？信心從何而來？又是如何傳播？信心是普世皆然的狀態，還是會因為文化、性別或階級而有不同的顯現形式？會有信心過剩的情況嗎？這種情況會造成什麼後果？相對地，如果缺乏信心，有辦法學習變得更有信心嗎？還有最重要的問題：不論是在個人、家庭、社群、企業和整個國家的層面，我們要如何在重新理解信心之後，運用這項知識造福全世界？

1

信心
是什麼？

How Confidence Works

二〇一八年十一月十九日下午四點三十五分，識別碼為N155AN的私人灣流（Gulfstream）噴射機在東京羽田機場降落，這款速度最快且最長程的商務噴射機在輪胎接觸跑道時發出刺耳的聲響，遠方略顯蒼白的冬日太陽漸漸滑落東京偌大的地平線之下。

登機梯展開的同時，機上唯一的乘客將視線從平板電腦移開，心不在焉地抬起頭，並透過橢圓形窗戶向外望。一看到白色廂型車停靠在飛機旁，一陣驚慌感竄過他的全身。他看著一大批穿著深色西裝的東京地方檢察廳人馬，衝上階梯將他逮捕。

卡洛斯・戈恩（Carlos Ghosn）是首位非日裔的日本車廠會長，也是促成雷諾（Renault）、日產（Nissan）和三菱（Mitsubishi）史無前例跨國結盟的推手，為這三家陷入困境的企業帶來了始料未及的轉機。戈恩在一九九九年接任日產的營運長時，公司的負債為二百二十九億美元，而八年後，在他擔任日產執行長的第三年，公司有七十億的獲利。

戈恩徹底改造企業和文化規則的方法，就是先出手相救，再把三間位於地球兩端的大型企業合而為一。後來，他更成為倡導個人運輸革新的領頭羊，推出全球銷量數一數二的電動車：Nissan Leaf。

二〇〇四年，科技巨頭 Intel 的傳奇執行長安迪・葛洛夫（Andy Grove）對戈恩說，傳統車廠未必有生產電動車的能力。[9] 接著到了二〇一一年，在引起廣大迴響的紀錄片《電動車的復仇》（*Revenge of the Electric Car*）中，《華爾街日報》（*Wall Street Journal*）專欄作家丹・尼爾（Dan Neil）則是向戈恩說了這番話：「你全力發展電動車和 Leaf，等於是拿自己的職業生涯和日產的未來打賭。」[10]

儘管如此，戈恩仍懷抱著願景繼續向前，他選擇聆聽另一種聲音，也就是自己的聲音，或者更明確地說，他聆聽的是信心的聲音。

他義無反顧的原因如下：

我們以企業的角度進行分析之後判斷，無論如何，零排放汽車都會是未來的趨勢之一。究竟是什麼時候以及到什麼程度都還有討論的空間，但是絕對沒有人可以有把握地說，汽車產業的遠大願景之中沒有零排放運輸的容身之處。因此，從以上種種推導出來的結論，顯然就是如果我們有相關的技術，也能生產出效能良好的平價車款，那麼，我們就必須推出產品。在未來十年內，電動車的市占率會達到一成。

接著，戈恩審視自己的思維和動機：

因為到了關鍵的時間點，當必要的技術就位，你在進行充分的分析之後，瞭解到自己有必要往這個方向前進，就必須要有人開口說：「好吧，我們得硬著頭皮做，我們要往前進。」在每一種科技領域，都必須要有人跨出第一步。我們就是在跨出第一步，而且引以為傲，因為我們深信這絕對會帶來不少益處。[11]

Nissan Leaf在二〇一一年獲選為世界年度風雲車（World Car of the Year），到了二〇二〇年更成為將近十年來全球最暢銷的電動車。戈恩大膽預測的一成市占率則是早在二〇一八年就在某個國家成真：挪威有四成五的新車都是電動車。[12]

是什麼讓戈恩有信心像這樣賭上整間公司的未來？他決定將公司二〇〇七年的五十億美元研究預算，半數都投入電動車的開發——就算無視全球各地專家的警告也在所不惜。這股自信究竟從何而來？

遭到逮捕一週後，不知所措的卡洛斯．戈恩身在東京拘置所，盯著四．八平方公尺牢房門上的單門小窗。這座位在市中心的監獄收容了三千名犯人，還在最近裝設了絞架，一九九五年東京地鐵沙林毒氣事件的主謀麻原彰晃就是在這裡被處以絞刑。

戈恩每天有三十分鐘的運動時間，以及幾乎一模一樣的清淡三餐。在冬季，多數的日本公共建築如學校都沒有暖氣可用，而東京拘置所也不例外。戈恩只能忍受寒冷，還被禁止在白天睡覺。這位全球最知名、最成功的企業高層人物怎麼會落得如此下場？如果說這樣的後果有啟示，我們可以對信心有什麼更進一步的認識——不只是信心的正面影響，還有負面影響？

娜迪雅・穆拉德（Nadia Murad）十九歲那一年，在二〇一四年八月十五日，從一陣不祥的沙漠塵土之中，伊斯蘭國（ISIS）的黑旗出現。大批人馬跟在Toyota Land Cruiser越野車後方，轟隆隆地駛進她的家鄉，位於伊拉克北部且信仰亞茲迪教（Yazidi）的克邱村（Kocho）。[13]數小時之內，穆拉德的母親和六名兄弟遭到屠殺，接著眼神空洞的達伊沙（Daesh）戰士擄走她當作性奴。

他們把穆拉德送往摩蘇爾（Mosul），她在當地遭到強暴和毒打，像牲畜一樣地被買賣，在三個月間落入一雙又一雙污穢的手中，直到有一天她設法從當時「主人」沒鎖好的門逃脫。

在亞茲迪文化中，淪為性暴力受害者是莫大的羞辱，因此大部分和穆拉德一樣遭到俘虜的受害者在重獲自由之後都選擇隱姓埋名，但是娜迪雅不一樣。她抬起胸膛，帶著從內心深處召喚而來的決心和信心，公開說出事實。受到這股看不見卻強大無比的能量驅使，娜迪雅決定為亞茲迪和其他因為宗教而遭到奴役和強暴的女性受害者發聲。她的先驅行動讓極為保守的文化在態度上產生了史無前例的變化，過去如果年輕女性身上背負著禁忌性行為的污點，就會遭到排斥，但現在由於有穆拉德的努力，她們更有可能重新被社會接納。

二〇一二年十月二十五日，德尼・穆克維格（Denis Mukwege）推開自家前門的那一瞬間，他看到一把槍指著女兒的頭部。下一秒，他的保鏢——非洲的中產階級通常都會僱用私人保鏢——在他眼前倒地身亡，而朝著穆克維格而來的子彈在他臥倒的同時高速飛過頭頂。身為外科醫師的穆克維格一直致力於治療數以萬計的女性在剛果駭人戰爭期間遭受的性暴力傷害。儘管他的家人逃過歹徒的暴行，穆克維格卻再也無法忍受，決定離開令人痛苦的母國，前往比利時追求安穩的生活。在穆克維格苦心經營的潘茲醫院（Panzi Hospital），員工曾和他並肩照護過將近十萬名傷痕累累的受暴女性，現在卻因為他的離開而陷入絕境。

然而在三個月後，由於穆克維格放不下自己的願景，也就是為重傷受創的患者提供最佳的照護，他選擇回到剛果。迎接穆克維格的是從卡烏姆（Kavumu）機場開始列隊達二十英里的人龍，盛大歡迎他重回潘茲。他的患者和支持者用販售鳳梨和洋蔥的收入，集資為他支付回程機票。

娜迪雅．穆拉德和德尼．穆克維格在二〇一八年共同獲得諾貝爾和平獎，因為他們的勇氣和對杜絕性暴力作為戰爭手段的貢獻值得讚揚。勇氣指的是克服恐懼後採取行動，就算眼前危機令人陷入動彈不得的混亂狀態，勇氣還是有辦法開花結果。但以事後之明的角度而言，勇氣要能夠持續數天、數個月和數年，還需要另一種要素，卻沒有在對這兩位諾貝爾獎得主的表彰上被提及：信心。儘管面對的是看似無法跨越的重重阻礙，他們卻相信自己可以達到目標。

至於卡洛斯．戈恩，我們會在本書最後一章再回頭談談他的故事結局；話說回來，就算最終沒有帶來諾貝爾獎或國際商界的名聲，由信心驅動的行動還是有其意義。

凱西．恩格伯特（Cathy Engelbert）懷有五個月身孕時，辭去了位在紐約市的國際會計師事務所勤業（Deloitte）的高薪職位。多年後，恩格伯特告訴《富比士》（*Forbes*）雜誌的記者，當時她缺乏信心。[14]她打算接下比較沒那麼有挑戰性的職位時，有兩位資深同事主動聯絡她，他們對恩格伯特說，她十分有潛力，還問她為何要放棄，並解釋說道男性有責任要協助女性充分發揮潛力。

二〇一五年三月，恩格伯特獲選為勤業史上第一位女性執行長，當然也是美國四大會計師事務所的第一人。身為執行長，她推出引發爭議的家庭假計畫，保證員工可以在小孩出生或家人生病後申請十六週的有薪假——堪稱是美國企業界的一大進展。訪問恩格伯特的《富比士》記者認為此舉需要「一番勇氣」。

同年，在大西洋的另一端，另一位女性也打破了執行長的玻璃天花板。凱西．恩格伯特在勤業掌權後幾個月內，沙夏．羅曼諾芙奇（Sacha Romanovitch）成為首位獲指派管理倫敦市大型會計師事務所正大聯合（Grant Thornton）的女性。

羅曼諾芙奇小時候被住在倫敦南部的雙親收養，她和卡洛斯．戈恩及凱西．恩格伯特一樣，有信心在業界促成前所未見的改變。首先，她採取了其他城市高層難以理解的行動，也就是將自己的薪資上限設為全公司平均薪資的二十倍。接著羅曼諾芙奇引進全體員工共享獲利的制度，而不是只有合夥人可以分紅。而她最具爭議性的決策就是重新調整組織策略，將重心放在「有意義的獲利」，意味著她會拒絕不符合道德標準的客戶。

後來有一天，部分同事發布對羅曼諾芙奇大肆批評的備忘錄，他們公開她的機密績效評估文件，並指控她想要實現「社會主義企圖」（在她的領導下，合夥人的每年平均薪資降至三十六萬五千英鎊）。羅曼諾芙奇告訴《金融時報》（*Financial Times*）的記者，有些同事無法接受因為她的政策而導致獲利在短期內下降。[15]她深信如果獲利是建立在價值和意義之上，長期而言一定會提升；反之，則會反映在企業的獲利能力上。

二〇一八年十月十五日，羅曼諾芙奇卸下執行長職位，但在這之前，她在推特上發布了一則連結，內容是小威廉絲（Serena Williams）對於作家瑪雅．安傑羅（Maya Angelou）讚頌自信的詩作〈我依然會奮起〉（*Still I Rise*）的詮釋。

那麼，這種激發了戈恩、穆拉德、穆克維格、恩格伯特和羅曼諾芙奇而且被我們稱之為信心的神秘力量，究竟是什麼？是人類與生俱來的天賦，還是可以學會的技能？信心是從何而來，背後的原理又是什麼？

以上提到的五位人物都有如穿越時空一般，跨過連接兩端的橋梁走向未知的未來，而要做到這一點，就必須構想出還不存在的事物：戈恩預見電動車的未來；恩格伯特想營造對家庭友善的企業環境；羅曼諾芙奇要造就更平等的顧問業；穆克維格要讓醫院成為避風港；穆拉德的願景則是推翻高度傳統社會的常規，讓受暴的年輕女性可以重新被接納。

我們每天都在建立並橫越這樣的橋梁，雖然不像上述例子那麼罕見且英勇，但信心確實有和橋梁一樣的功能。以決定減重如此普通的狀況為例，你多有信心自己可以先踏出一小步，選擇比平常健康的午餐，例如吃沙拉？信心的兩大組成要素之一就是信念，例如「如果我吃少一點，體重就會減輕」。在認知心理學，這叫做結果預期（outcome expectation），是一種對外界的信念，也就是「如果x發生，y就會隨之而來」的觀念。這樣的信念是建立相對於心智的外在世界上；例如，如果我戒菸，就可以活得比較久。

然而，並不是所有人都相信這樣的外在世界觀念。我經常聽到很多過重的人這麼說：「不管我吃多少，都還是會變胖。」至於「我父親一直到八十歲都還在抽菸，而且非常健康，所以戒菸對我沒什麼好處」則是另一個對於世界有錯誤推論的例子。

信心的第二個組成要素涉及自己可以做到什麼的信念，和事件會不會發生無關。舉例來說，假設你認同少吃可以減重的觀念，很好，但這時懷疑開始浮現：「我有辦法一直只吃沙拉嗎？」在你大腦內的未來模擬器中，你開始預期午餐前會飢腸轆轆，還有午餐後產生的空虛感。你對自身未來的預測並不理想——你想像自己會死盯著冰箱，心想，我的老天，不要再吃沙拉了！

因此，在你作出正確決定之後，關鍵不在於你是不是確信自己的決定會有結果；如果你不認為自己做得到，你就會做不到。這種類型的預測心態在認知心理學的專有名詞中叫做「效能預期」（efficacy expectation）。如果你既不相信自己做得到，也不相信結果會隨之而來，信心在產生之前就會消散。

所以，就讓我們把結果預期稱為「可以實現」信念，效能預期則稱為「可以做到」信念。接下來會衍生出四種不同類型的信心，每一種類型背後都有不同的思維、情緒和大腦活動模式：無法做到／無法實現；可以做到／無法實現；無法做到／可以實現；以及可以做到／可以實現。

無法做到／無法實現

第一種心態會導致人陷入不知所措的深淵；假設醫生告訴你，由於血液檢測結果顯示你有前期糖尿病，你必須要運動。腦中浮現運動的景象時，不適和費力的想法逐漸襲來，讓你不禁覺得：不可能，我一定做不到。接著你又想到，母親也患有糖尿病，於是你心想，運動到底有什麼用？反正我還是會生病。隨著你的思緒嚴重偏離醫生的建議，大腦得出的結論就是「無法實現」。

在這種狀態下，大腦會放棄控制，身體則會逆來順受。此時已經沒有必要感到焦慮或沮喪，因為你無能為力。你的腦中只剩下漠不關心，而且牛津大學（Oxford University）的研究人員在二〇一五年證實，這時在稱為前扣帶迴（anterior cingulate）的大腦皮質區域，動機會大幅下降。[16]沒有可以橫越深淵的橋梁。

無法做到／可以實現

在這種情境下，你會相信醫生的建議。「沒錯，她說得對。」你心想，然而自我懷疑卻在腦中盤旋不去。你的思緒突然跳回過去毫無計畫就嘗試運動的經驗，當時沒過幾分鐘你就因為滿頭大汗的不適感放棄。你又想起自己有幾次計畫要穿上運動服裝去慢跑，卻在最後一分鐘躺回扶手椅。「我做不到。」你絕望地作出結論。

你並沒有因為無能為力的宿命論而覺得心安理得，畢竟你相信醫生，但這也表示你會感到焦慮。你的雙肩拱起，羞愧感如浪潮般襲來，因為儘管你認為運動是可行的方法，你卻不會去做，你不認為自己做得到。於是你的一顆心往下沉，你對自己的評價也一路往下掉。史丹佛大學（Stanford University）的研究人員在二〇〇二年發現，此時大腦額葉中段的自我評價系統，會環繞著失敗和自我懷疑的思維。[17]這種情況下橋梁只搭建到一半，還不足以跨越深淵。

可以做到／無法實現

在這個例子中，你已經準備好要做運動並採納醫生的任何建議，然而你還是罹患了糖尿病，而且病情會每況愈下。太不公平了——你知道自己可以遵守醫囑，但就是不相信會有效果。相同的情況也發生在學校，師長會說只要你努力用功，就可以通過考試、擁有好工作。你照著他們的話做了，因為你相信他們，但是光鮮亮麗的工作卻從未實現，從此以後你對於專家意見的信任所剩無幾。

如果你抱持這種半完工橋梁版的信心，會感到挫折、委屈、憤怒和焦慮。[18]紐約大學（New York University）的研究人員在二〇一五年證實，在上述準備好要行動的狀態中，人類大腦的獎賞網絡（reward network）會發出痛苦的訊號。[19]儘管你願意遵循醫生的運動建議，卻不真心認為這有助於改善糖尿病。

可以做到／可以實現

看診之後你直接回家，穿上運動服，立刻開始建立運動模式，你絕對可以做到。你查看了知名的醫療網站，瞭解到運動是控制糖尿病的重要一環，所以你心想：「沒錯，運動有效果。」在這種狀態下，大腦會積極參與，身體會做足準備，你也會預期成功的到來。二〇一五年密西根大學（University of Michigan）的研究人員證實，此時人的大腦會預期有獎勵，且多巴胺活動急劇上升，[20]你的心情會因此振奮，聽到醫生宣布壞消息之後的焦慮感也會隨之平息。有一條堅固的雙纜橋可以橫越深淵，而你正走在橋上。

這是簡化版本，想當然，人生其實要複雜得多，更遑論有時候以我們要跨過的橋而言，「可以實現」的範圍十分模糊。每一位企業家、運動員和想要擁有戀情的人都會面臨這樣的狀況，不論「可以做到」的部分有多少，都無法保證「可以實現」。大部分的企業都以失敗收場；大部分的運動員從未贏得冠軍；還有大部分追求戀愛的人也無法在第一次就找到真愛，甚至一輩子都找不到。

我們可以推論，卡洛斯．戈恩在整個職業生涯中，大多數時候都是處於「可以做到／可以實現」這類有信心的狀態。戈恩確信自己可以讓兩大企業巨頭雷諾和日產合併（可以做到），他還預測此舉對於兩家企業的財務都有助益（可以實現）。他也認為自己的公司可以針對大眾市場推出電動車（可以做到），而且這項決策會帶來商業上的成功（可以實現）。

凱西．恩格伯特和沙夏．羅曼諾芙奇都自認可以成為執行長（可以做到），也深信自己可以為公司帶來正向的改變（可以實現）。對於恩格伯特來說，她是在與兩位資深同事進行那場「具有啟發性」的對話之後，才認知到這一點。娜迪雅・穆拉德確信自己可以勇敢發聲（可以做到），也認為這麼做可以幫助其他和自己有同樣遭遇的女性（可以實現）。德尼・穆克維格深信自己可以為女性傷患提供醫療照護（可以做到），而且透過這種方式可以造福許多人（可以實現）。

話雖如此，人生中的事件很少會像上述簡潔的摘要一樣清楚明瞭。戈恩不可能有把握合併一定會有益於三家合作企業，他也無法百分之百確定電動車一定會取得商業上的成功。羅曼諾芙奇和恩格伯特不知道自己推動的變革是否會有效果，最後兩人都被迫離開執行長的職位，因為她們的同事並不相信其中的效益會實現。還有穆克維格也不敢肯定，自己成立的醫院一定有辦法在飽受戰爭摧殘的剛果運作。而對穆拉德來說，她的行動可能效果不彰，或者在更糟的情況下，可能會對於她想要幫助的女性造成傷害。

這五位造就改變的人物之所以有信心，並不是因為他們自視甚高，亦即他們的行動不是建立在自尊上。自尊的衡量方式是詢問受試者對於特定敘述的同意程度，例如「整體而言，我對自己感到滿意」或是「我有很高的自尊心」。[21]你越是同意這類敘述，就表示你越有可能對自己的工作還有伴侶感到樂意和滿足，[22]同時也會有其他諸多益處。[23]

自尊是一種回顧，而信心則需要你望向未來，不論是在工作、財務、親密關係、運動或教育領域。自尊無法促使你做到這一點；自尊是你對自身評價的長期摘要，而不是對於你未來表現的預測。信心就是有這樣的預測功能，這也難怪根據卑爾根大學（University of Bergen）在二〇一四年對兩千名青少年進行的研究，相較於自尊高低，自身的信心程度更能準確預測學童在學校的表現。[24]

信心程度也可以用來預測你是否能適當應對公司改組的情況，[25]以及預估你能在求職網站上收到多少面試邀約。[26]抱持信心還有其他眾多益處，包括會影響到歷經造成骨骼傷害的車禍後重返職場的速度，[27]以及在運動領域的表現。[28]

儘管自尊和自信是兩種不同的概念，兩者的關係卻十分密切。不過，雖然信心有助於提升自尊，反之卻未必成立。巴塞爾大學（University of Basel）的研究人員費時十四年，在美國對七千名十四至三十歲的對象進行研究後證實了這一點。長期而言，掌控感（sense of mastery）和信心密切相關——可以明確預測出個人的自尊高低，然而自尊卻無法用於預測未來數年的信心程度。[29]換言之，如果你只是想要感覺良好，對自己感到滿意就夠了；但如果想要有所成就，你需要的是信心。

信心最主要的來源之一是衍生自克服挑戰的掌控感，戈恩、恩格伯特、羅曼諾芙奇、穆克維格和穆拉德的故事就是最顯而易見的例子。而最重要的是，由於信心是以這種方式培養而來，你可以經由學習變得更有信心，我們會在後文討論到這個主題。

事實上，維護自尊耗費的心理能量反而會讓人無法專注在培養信心所需的實際行動上。例如，一項二〇〇九年在西北大學（Northwestern University）進行的研究中，研究團隊請受試學生寫下以自己為主角的故事，藉此操控學生在道德層面的自尊。其中一組學生被要求使用中性詞彙寫故事，例如**鑰匙**或**房屋**；第二組學生則被指定要使用負面詞彙，像是**不忠**、**惡劣**或**貪婪**；第三組的自傳式小故事則必須融入一些在道德上偏向正面的詞彙，如**關懷**、**慷慨**、**公平**和**慈善**。

研究進入尾聲時，研究團隊告知學生，研究受試者通常會捐出一小筆錢給自行選擇的慈善團體，並且邀請他們也這麼做。使用中性詞彙的組別平均捐出二．七一美元；以道德上偏向負面的詞彙寫故事的組別則平均貢獻了五．三〇美元。那麼自傳式小故事裡充滿慷慨和慈善，而且道德層面的自尊因此提高的組別呢？他們勉強擠出了一．〇七美元的捐款。[30]

以上的現象稱為「道德許可證效應」（moral licensing），亦即在道德層面上肯定自己，會讓你覺得自己有理由做出較不善良的舉動，這種提升自尊的方式基本上會在無意識的情況下發生。信心會把焦點放在外界，相對地，維護自尊的心態則會把人的注意力拉往內在，單是想著要做好事，就足以在腦中為自己添加品德點數。

只是心想著將來要做好事，就讓我們覺得自己有權在當下表現得沒那麼善良。換言之，為了維護自尊，我們會利用做好事的念頭來累積自己的道德點數，而這樣善意卻會妨礙我們的實際行為。

就這個角度而言，自尊會將人原本用於在現實世界中採取行動的能量，改成用在提高自我賞識的程度，最後衍生出和信心完全相反的效果。如果戈恩、恩格伯特、羅曼諾芙奇、穆克維格和穆拉德當初的動機主要是出自提高自尊，他們絕對無法在現實世界中有這番影響力。

在下一章，我會說明信心的原理，因為這會影響到我們心理層面的每一種情緒和思維、大腦中的每一個神經元、任何一種動機以及日常生活中的每一個行動。原因就在於人類的心智就像預測機器，會依據預期未來可能發生的情況，來策劃自身的活動。

同樣地，信心也是人類為了生存和茁壯而演化出來的精巧預測機制。信心的功能就是預測成功與否，不論是在高爾夫球賽擊球入洞、公開演講或在不歡而散的分手後重新規劃人生。最重要的是，信心是可以習得的技能，所以現在就讓我們看看信心是如何在人的心智和大腦中運作。

2

信心的原理

How Confidence Works

二〇〇七年七月，在陰冷且滿天球根狀雲的蘇格蘭東岸卡諾斯蒂（Carnoustie），愛爾蘭高爾夫球選手派洛．哈靈頓（Padraig Harrington）贏得了高球界最知名的比賽：英國公開賽（British Open）。他獲勝的故事可以說是高爾夫歷史上最令人難忘的終場，也是信心運作原理活生生的教材。

哈靈頓在比賽倒數第二洞開球時，英國公開賽最為人所知的葡萄壺獎盃（Claret Jug）已經有如囊中之物，他以一桿領先勁敵塞爾希奧．加西亞（Sergio García）。當時哈靈頓完全進入專注狀態，他在事後表示：「我低於標準桿六桿，甚至還可以再拿到更好的成績，大局已定，那時候我基本上就是全場最有信心的人。」

然而接下來，奇怪的事發生了：

> 我走到發球台，打算要正中球心……這一整天我都可以把球直直打出去，我的手感從來沒有這麼好過……結果就在全力揮桿的瞬間，我心中湧現了一絲懷疑。

就在那瞬間，在哈靈頓大腦中的某處，懷疑像細針一樣等著戳破有如泡泡的信心。後來，他把球切進了混沌不清的水域中，也就是那條人人聞之喪膽、蜿蜒穿流過整座高爾夫球場的拜瑞溪（Barry Burn）。哈靈頓要過橋擊出罰桿時，剛好遇上經過的塞爾希奧．加西亞。

塞爾希奧對我露出微笑。我不想看起來一臉失望，我想要表現出堅定的樣子。他來勢洶洶，他知道我被罰了桿數，也知道我還沒解決難題，心情一定很差——但是我沒有……在這個階段我還是很樂觀。

哈靈頓在第十八洞也就是最後一洞的發球區擺出架式，葡萄壺獎盃依然近在眼前閃閃發光。大災難。他又把球轟進拜瑞溪，細針終究還是刺破了他薄如膜的信心。

我這一生從來沒有經歷過這種反應……現在我輸掉了公開賽……我這輩子從來沒有在踏上高爾夫球場之後想要認輸，我想要放棄——我好尷尬，忍不住哽咽……這本來應該是屬於我的公開賽……我本來領先一桿，絕對會贏……結果我毀了一切。

哈靈頓的信心潰堤，他吃力地走上最後一洞的球道要擊出罰桿，幾乎記不起前五十碼究竟發生了什麼事。幸好，桿弟羅南．弗魯德（Ronan Flood）就在他身旁，兩人在走動時，弗魯德不停地對哈靈頓說，他是全世界最會切擊和推桿（他必須把握好這兩種擊球方式才能不落敗）的選手。「一桿一桿慢慢來，沒有人比你更會切球和推桿，一桿一桿慢慢來，沒有人比你更會切球和推桿。」弗魯德就這樣一次又一次地重複說道。

他就是這樣……一直支持著我……他就像是把球桿從我手上拿走一樣……不然我可能會用來打他……我已經無心比賽……但他還是一直支持著我……一桿一桿慢慢來，這些都只是老調重彈而已……

儘管哈靈頓顯然相當痛苦，完全失去信心，弗魯德還是繼續支持他，不停重複那兩句話，不讓任何其他想法進入哈靈頓的腦中。當兩人走近小白球，哈靈頓準備要倒數第二次擊球並企圖挽回戰局時，他的心態已經徹底轉換。哈靈頓擺好姿勢，準備擊出命運的一球。

我站在場上，非常興奮，然後擊出一記又直又低的球……我覺得自己這輩子

> 大概沒有像這次切球這麼專注過。感覺良好的時候當然很容易打出好球……但是在情緒不好的時候要打出好球真的很難，當時我應該是在情緒的最低點。

桿弟持續不斷、近乎機械式地重複他認為哈靈頓做得到的信念，奇蹟似地重振了哈靈頓的信心泡泡。

> 在這種情況下能夠回到專注狀態，然後打出好球……這都是羅南的功勞……要是沒有他，我一定做不到……我把自己搞砸的事忘掉……在那個瞬間我幾乎忘了公開賽冠軍……我只是有個機會，可以在兩三萬或坐或站在場邊的觀眾面前，打出一記好球，然後讓大家可以大聲歡呼。[31]

這兩次擊球讓哈靈頓有機會和加西亞進入延長賽，最終取得勝利，在喧囂的群眾面前高舉葡萄壺獎盃，而他們才剛剛見證運動場上信心潮起潮落的驚人過程。

不過根據我在都柏林從哈靈頓親近友人口中聽到的說法，故事並沒有在此劃下句點。在果嶺上狂歡慶祝第一輪之後，由於忙著參加頒獎典禮和記者會，新任冠軍和桿弟分開行動了幾個小時。當天深夜在接送返回飯店的禮車上，兩人才再次見到面。派洛看向他的桿弟並說道：「你知道嗎，羅南，我以為我會搞砸這場公開賽——全世界的其他人也這麼以為——除了羅南．弗魯德以外。」羅南笑了出來。「什麼這麼好笑？」哈靈頓一臉不解地問。弗魯德回答：「我也以為你會搞砸，我根本沒想到你有拿冠軍的機會！」

只是說說而已

派洛．哈靈頓在全力揮桿時感覺到的「一陣懷疑」，究竟是從哪裡來的？現在請你先暫停手邊的動作，然後試著跟上我腦中飄過的思緒：

感覺到大腿壓著椅子……打字的時候鍵盤發出聲響……晚餐要吃什麼呢……有海鷗飛過我的窗前……這是我該寫下的東西嗎……窗戶的木框……iPhone 一片空白沒有訊息……筆記本是打開的……要打個電話給航空公司……吃完午餐之後飽到現在……要不要處理一下腿上的僵直症狀……樹木隨風發出沙沙聲……等等還是運動一下比較好……在海邊度過週末的回憶畫面……在海裡游泳時接觸到冷水的感覺……我到底寫不寫得完這本書……又有一隻海鷗……地平線的線條真是

驚人、海水波光粼粼、雲層灰暗、這個夏天真不宜人……週末天氣會變溫暖嗎……

我只能記下一部分的思緒，還有很多和文字沒有連結的畫面和感官刺激在腦中呼嘯而過。你可以再試一次，看看有沒有辦法捕捉自己腦海中閃現的各種思緒。

這些只是我們有意識到的想法而已，在大腦中還有很多其他的心理活動，而我們從未察覺。來自外在世界的感官刺激如聲音或氣味，會觸發這些心理活動，就像是歷經一波又一波的回想和白日夢。舉例來說，你也許會注意到自己拿起空杯想要喝點東西，但卻沒有意識到自己已經渴了好一陣子；或者你可能會先發現自己不知怎麼地覺得精神緊繃，之後才意識到原來是昨天同事的酸言酸語一直在你腦中盤旋不去。

由於人類的腦中有數以千計的思緒和畫面呼嘯而過，想知道哈靈頓的「一陣懷疑」從何而來，其實是問錯了問題。如果你在世界級的運動賽事中握有微乎其微的領先地位，腦中怎麼可能會不冒出自己可能搞砸的念頭？

哈靈頓對於這種懷疑的感受還有更深入的描述：「就在全力揮桿的瞬間，我心中湧現了一絲懷疑……當你沒有預期到會有這種感受，感受就可能會以強烈反應的形式突顯出來。」

這樣一個微不足道的念頭——「我也許會搞砸」之類的想法——就足以觸發反應，因為突然預想到即將到手的炫目獎賞可能會就此消失。這樣的念頭一冒出，哈靈頓的大腦就會有一波焦慮感襲來。對於大腦來說，沒有拿到預期中的獎賞無異於遭到懲罰，而遭到懲罰的可能性會讓我們感到恐懼。[32]這樣一波又一波的破壞性活動席捲這位高爾夫球名將的大腦，也難怪他會把球打進拜瑞溪——而且不止一次，是兩次。現在，讓我們回到原本的問題：哈靈頓——或者更廣泛地說，我們這些腦中千頭萬緒的人類——為什麼沒有一直掉入這種「一陣懷疑」的陷阱當中？

我們的大腦掌管著大型的關聯性菊鍊（daisy-chain），所以一旦我們開始思考和成功有關的事，和失敗有關的想法自然也會隨之出現。成功和失敗就像連體雙生，在語言以及數百年來流傳的神話和故事中緊緊相連，因此只要喚醒其中一者，另一者當然也會甦醒。

那麼為什麼我們腦中會混雜著自我懷疑、矛盾的衝動以及未竟的計畫？有一些人——其實有太多人——確實是如此。習慣、例行活動、熟悉的人們和地點有助於我們調節思緒和情緒，我們因此可以過著正常的生活，不會因為自我懷疑和游移不定而分心。正是這種外在世界的鷹架，讓我們腦中的思緒和畫面得以在條理分明的管道中湧現和流動。

通常我們只會在鷹架倒塌時才會注意到鷹架的存在，例如當我們不被需要，或是人際關係崩解。而在知名國際運動賽事處於領先地位的狀態，並沒有相應的習慣可以構成鷹架來調節大腦活動，並隨時查看是否有任何一絲懷疑浮現：競爭實在太過激烈，保持專注實在太過困難，很少有頂尖選手能長時間維持在巔峰狀態（老虎伍茲（Tiger Woods）則是眾所皆知的例外）。那麼哈靈頓究竟是怎麼做到的，尤其是他還在失常地打出兩次落水球之後覺得顏面掃地？讓我們再度檢視在這段驚人的運動賽事插曲發生時他在想什麼：

……等到我走近自己的高爾夫球的時候，我已經開始相信他了。我站在場上，非常興奮……我覺得自己這輩子大概沒有像這次切球這麼專注過……這都是羅南的功勞……要是沒有他，我一定做不到……我把自己搞砸的事忘掉……在那個瞬間我幾乎忘了公開賽冠軍。

哈靈頓究竟是如何抑制失敗的念頭？**注意力**。他把精神完全集中在接下來的兩次擊球，專注到他甚至忘了整場比賽的狀況。哈靈頓大腦中的注意力系統將思緒和腦海畫面整頓成只與眼前任務相關，也就是要像過去無數次一樣擊出兩次好球。把勝利和葡萄壺獎盃相關的想法排除之後，腦海中的失敗畫面也隨之消失。

注意力讓哈靈頓得以排除障礙並順利擊球，就像有扇可開關的門在隨時控制有哪些東西能出現在他的腦中。而腦內的狀態會形塑我們所感受到的情緒。

看看哈靈頓的情緒是如何起伏就知道了——完全取決於注意力允許什麼樣的思緒進入他的意識。前一分鐘他還心心念念著葡萄壺獎盃，下一分鐘就變得想要逃避退縮。在第十七洞和第十八洞之間什麼都沒有改變，除了哈靈頓的想法以外。

在面對這兩洞時，哈靈頓把球徹底打出球道。起初他感到安心和篤定，但在第二次失誤球之後，他的情緒徹底潰堤，**從頭到尾，唯一改變的就只有他的思緒。**哈靈頓的注意力就是那道敞開的門，迎來了第十七洞的正面想法，也迎來了第十八洞的負面念頭。

在哈靈頓和他的桿弟心中，擊出災難般的那兩球之後，他已經沒有獲勝的機會。不過，羅南．弗魯德對於注意力略知一二——因此也對信心略有瞭解。重點不在於弗魯德其實不相信自己所說的話，而是他要控制哈靈頓的注意力，因為他的老闆已經無法控制自己。他就像牧羊人一樣，引導一隻隻羊通過窄門走進羊圈，只不過在這個例子中，桿弟的羊群是哈靈頓的思緒。可以通過的只有關於切球和推桿的思緒，這表示僅有非常少數的相關精選畫面會從哈靈頓的記憶庫提取出來。

而這些記憶就是過去的成功經驗——切球和推桿是哈靈頓的強項——因此弗魯德順利讓哈靈頓進入他所謂的「專注狀態」。

那麼信心在這其中扮演了什麼角色？答案是注意力排除了障礙，讓信心可以發揮作用。注意力集中在單一特定的目標上——切球——而哈靈頓累積了大量的切球經驗。由於有這類記憶的加持，哈靈頓具備「可以做到」的信念。弗魯德直截了當地促使哈靈頓的注意力進入近乎催眠的狀態，只專注在這個小小的專門動作上。透過這種方式控制哈靈頓的思緒，他等於是在哈靈頓身上施加自信，亦即相信自己可以切球上果嶺並推桿進洞。

弗魯德也許只是嘴上說著那些話，但確實發揮了效果。言語是控制注意力的強大工具，也能進而控制人的情緒。而如果我們可以控制自己的注意力和感受，就能專注於有機會達成的目標，因為這類目標在我們的控制範圍內。贏得葡萄壺獎盃並不在哈靈頓的能力範圍之內，其中牽涉到太多其他因素，但第十八洞的切球和推桿是他可以控制的事。只要運用注意力來確立這項目標並專注投入，他就能擁有達成目標的信心。

在本書的後續章節，我們會瞭解到信心——認為自己可以做到某件事的信念——是如何賦予個人在心理、生理和情緒層面的力量，以及人人都可以學會運用信心，就像哈靈頓的例子一樣。

不過，我們可以從弗魯德和哈靈頓的例子學到的是，重點其實在於把注意力集中在明確的目標上，並且釐清自己何時和是否能達成目標。之所以會缺乏信心，通常是因為目標不夠明確，而且注意力無法精準地集中在目標之上。

如果你是年輕的高爾夫球選手，把贏得公開賽視為目標，那麼你很有可能在比賽初期就被淘汰，信心盡失。達成這項目標的機率實在太低，因為目標本身太高又太遙遠，完全不在你掌控範圍內。如果你參賽時沒有任何特定的目的，只是單純享受競賽，當然也很好，不過你也不太可能有長足的進步。目標有所謂的「甜蜜點」，必須要同時具有挑戰性和可行性。在甜蜜點這樣的心理狀態中，信心可以發揮作用，同時扮演因和果的角色。相信自己可以切球上果嶺，可以提升你實現這項目標的機率，而且實現之後你的信心則會進一步提升。

不過信心的效果不只如此。

哈靈頓成功把注意力集中在第十八洞的兩次擊球，專注到甚至忘了公開賽的一切，等於是達到非凡的心智控制境界。當他才因為兩次嚇人的失誤而飽受情緒混亂之苦，接著在三萬人面前擊球的壓力非同小可。如果腦中充滿各式各樣的思緒和情緒，注意力就非常難以維持腦中秩序。

做到這種程度的心智控制之後，有助於提升哈靈頓對於自身注意力的信心，而注意力就是心理調節器。如果你對於控制自身想法的能力有信心，這也意味著有能力控制情緒，那麼你在任何情況下都會表現得更理想。

注意力和信心是很強大的組合，而這個組合最容易為我們所用的工具就是語言。雖然桿弟弗魯德只是嘴上說著那些話，並不是真心這麼認為，但是言語能夠非常有效地協調人的注意力和信心。

哈靈頓表示自己在第十八洞的關鍵切球時「非常興奮」，這個強烈的詞彙是在描述他飆升的心跳、冒汗的雙手以及絞痛的腹部。不過可別忘了，才不過幾分鐘之前，他在搞砸發球之後也出現相同的症狀，當時他用來形容這些感受的詞彙是「尷尬」——意味著焦慮和羞愧——以至於他想要「認輸」。

究竟何者先出現：言語還是感受？唯一能得知確切答案的方法就是進行實驗，而匹茲堡大學（University of Pittsburgh）的研究人員也這麼做了。他們請自願受試者在大庭廣眾之下進行難度極高的心算，在開始之前，受試者會被分配到兩個組別之一。第一組必須大聲說出「我很焦慮」，第二組則要說「我很興奮」——不論他們心中真正的感受為何。比起把自己飆升的心跳和絞痛的腹部詮釋成焦慮感的受試者，告訴自己覺得興奮的受試者在算術上表現得更好。[33]只要改變一個詞彙，就能讓人的表現變好，我會在第五章詳細說明方法。這裡的重點在於，單是大聲說出正面的詞彙，就能提升你達成目標的機率，因為這麼做可以讓你的注意力集中在目標之上。

從哈靈頓和弗魯德如何描述在擊出關鍵一球前的五十碼路程中弗魯德所說的話，可以看出語言具有半催眠的性質。催眠是一種能夠控制注意力的古老方法，正因如此，只要以催眠的形式**說話**，就能有效強化信心並進而改善表現。

兩所英國大學的運動心理學研究人員在二〇一〇年的研究確認了這一點，他們比較的是在經過催眠以提升踢足球的自信心之後，踢球表現是否也有改善。[34]相較於只看過專業足球比賽剪輯影片的足球選手，透過催眠暗示訓練的選手最後對於瞄準踢球能力更有自信，即使在訓練結束四週後，他們擊中目標的機率還是高出許多。

那麼，信心究竟是如何在大腦中運作？幫助自己把注意力投入在正確的事上，你就能把事情做得更好，進而讓自己更有信心，接著你又能把事情做得再更好，最後形成良性循環。我們對自己所說的話會將信心和注意力連結在一起，即使我們並不完全相信這些話。舉例來說，當你站上講台發表演說，雙腿可能會不停顫抖，但是只要說出「我很興奮」，就足以讓你的表現在客觀上變得更好，也能累積對下一場演講的信心。

因此就某個角度而言，信心其實就是你對自己所說的話。而既然我們可以選擇要對自己說什麼，就能在某種程度上控制自己的信心程度。

信心有如變形鏡

二〇一六年六月二十三日週四，些微多數的英國國民投下脫歐的贊成票，儘管英格蘭銀行（Bank of England）總裁[35]和其他反對派的嚴正警告，脫歐會對英國造成重大的經濟傷害，這些國民仍然義無反顧地投下贊成票。更不理想的是，根據預測此舉將會導致較低收入的民眾更難以維生，而這群人之中有極大比例是投票贊成脫離歐盟。

公投之後的數年，選民一方面不停聽到最知名的國際經濟學家紛紛對英國提出悲觀的經濟預測，另一方面支持脫歐的政治人物卻以更大的聲量樂觀保證，英國將會迎來經濟的極樂情境（nirvana），極力贊成脫歐的大眾媒體則是在其中扮演傳聲筒的角色。

收入和教育程度較低的族群大多是堅定投下支持脫歐的一票，收入和教育程度較高的族群則是因為全球化經濟獲益最大的一群，自然會傾向投票贊成留在歐盟。不過，還有另一個因素拉高了脫歐票數，並催化英國數百年來最嚴峻的政治危機：年齡。

在十八至二十四歲的人口中，僅有二成七投下脫歐贊成票，但六十五歲以上的人口卻有六成投下贊成票。[36]兩年後，當選民被問到如果有第二次公投會如何投票，六十五歲以上的選民贊成脫歐的比例上升至六成六，而十八至二十四歲並贊成脫歐的選民比例則下降至一成八。[37]

每一位英國選民都被淹沒在脫歐會對經濟造成衝擊的資訊浪潮中，儘管年長者和年輕人可能會選擇性地關注不同的資訊來源，英國相對中立的電視台仍確保觀眾能接觸到等量的立場相異資訊。然而，這些預測資訊卻對年輕人和年長者的思維造成了完全相反的影響，為什麼？說來奇妙，答案和信心的原理有關，同時這也揭露了關於脫歐思維極為耐人尋味的層面。

請想像一下，你在大學修了一堂課，並且在等待成績出爐：你希望拿到 B，但是開啟電子郵件之後卻發現只得到 C，這時你對自身未來學業表現的信心會遭受打擊。假設你本來希望拿到 B，最後卻得到 A，那麼你在學業方面的自我評價會刷新，信心也會大幅提升。

這就是信心的運作方式，隨著每一次超乎預期或成功漸漸累積，也會隨著每一次大失所望漸漸消滅。那麼，所謂的自信就只是人一生中這般逐步加加減減累積的最終結果嗎？

事實上，大腦並不是這樣運作，其實大腦比較常記下加分而不是減分，這表示大多數人到最後會高估自己和自身的未來，這個現象稱為「不對稱修正」（asymmetric updating）。[38]這就是為何多數人自認優於他人，亦即所謂的「優越幻覺」（superiority illusion）。

舉例來說，大部分的人都自認是高於平均的駕駛，[39]但這在統計學上是不可能的事。外科醫師和其他眾多職業的人都傾向高估自己的專業技能，[40]不過女性駕駛和外科醫師倒是比男性同儕更能精準評估自己的能力（我會在後文詳談這現象）。

多數人都有不切實際的樂觀傾向：羅格斯大學（Rutgers University）的研究顯示，受試者認為自己罹患肺癌的機率比一般人低三成二，他們也認為自己離婚機率比平均低四成九。一般程度的學生自認比其他「一般程度」的學生多出一成三的獲獎機率。就連從一副牌中抽牌這麼隨機的動作，一般人也會大幅高估自己抽中好牌的機率。以上的例子證明了信心就有如變形鏡，而產值高達數兆的博弈產業就是建立在變形鏡之上。[41]

究竟為什麼好消息會比壞消息更容易形塑人的信心？例如，得知自己罹患癌症的機率低於預期，這樣的好消息會在大腦的左前區塊以及額葉（frontal lobe）的中段引起反應。而如果是發現自己的罹癌風險高於預期，這樣的壞消息比較會引起相對大腦區塊的反應：右側的額下回（inferior frontal gyrus）。[42]

相較於壞消息，多數人的大腦比較容易對好消息產生反應。我們越是偏好正面消息，大腦左前區塊與杏仁核（amygdala）和腦島（insula）等情緒中樞之間的連結就越是明顯。換言之，樂觀主義者連結好消息和大腦情緒中樞的「線路」比較厚實。而且更驚人的是，正向思考也會導致人傾向用美化的觀點回顧過去，把記憶塑造得更加正面。[43]

當然還是有例外，抱持悲觀思維的人難以樂觀看待事情，這些人的大腦就沒有那麼偏好正面消息，[44]有輕微憂鬱症狀的個人也是如此。[45]

需要特別澄清的是，我們並不是完全忽視壞消息，我們對於未來的展望還是會因此受到影響，不過大部分人的大腦確實比較重視好消息。話雖如此，好消息和壞消息之間有個非常關鍵的差異，我們可以從這項差異來釐清脫歐的思維。

人對好消息產生的反應終其一生都不會有太多改變，但面對壞消息卻完全不一樣。人類大腦對負面消息反應最劇烈的時候大約落在四十歲——兒童時期的反應比較緩和，接著會慢慢爬升，並在中年時期達到巔峰。不過接下來在六十歲到七十歲的階段，反應程度又會穩定下降，最後到了八十歲，反應會遠低於兒童時期的程度。[46]

對壞消息的處理能力下降可以部分解釋，為何六十五歲以上的選民不把經濟學家和銀行業對於脫歐的嚴正警告放在眼裡，很快就把這視為「恐嚇選民的計畫」（Project Fear）。這個年齡層的大腦面對壞消息的反應方式和年輕人的大腦並不相同，因此較年長的世代對於脫歐的後果會抱持錯誤的樂觀幻想。這也難怪在公投之後，他們更篤定地支持脫歐，而十八至二十四歲選民的大腦則更加強烈反對。

信心是讓我們在面對反證時還能保持的樂觀的變形鏡；信心不只是言語而已，也是一種良性的妄想，沒有這種妄想人類就不可能登上月球、發明網路或消滅天花。這樣的妄想還有另一種關鍵的效果，可以用來解釋信心的原理。

幸運兔奧斯華（Oswald the Lucky Rabbit）：信心的抗憂鬱效果

一九三三年，美國深陷在長期經濟危機中，也就是所謂的「經濟大蕭條」（Great Depression）。迪士尼公司（Walt Disney）的卡通角色「幸運兔奧斯華」在家喻戶曉的短篇動畫《信心》（*Confidence*）[47]中現身：奧斯華是負責管理一群快樂蛋雞的農夫，然而穿著斗篷又一身黑的「死神」角色從腐臭的荒地中甦醒，對著農場裡的動物下咒，導致牠們陷入沮喪憂鬱。於是奧斯華出發前往華盛頓特區（Washington, DC），見到總統羅斯福（Roosevelt）之後，總統給奧斯華一針筒的「信心」來施打在動物身上，最後所有動物都奇蹟似地從憂傷和了無生氣的狀態恢復。

七十五年後在二〇〇八年，美國和全球都面臨另一次經濟危機的衝擊，也就是「經濟大衰退」（Great Recession），數以萬計的美國人因此落入破產、失業和無家可歸的困境。受到上述單方面或多方面衝擊的族群，有心理健康問題遽增的狀況，包括感到憂鬱和焦慮，而且即使在經濟大衰退過去後仍會持續數年。[48]

不幸的是，他們不像奧斯華農場裡的雞群，沒有總統給的信心靈藥可注射來擺脫憂鬱。據估計，在二〇〇八和二〇一〇年間，歐洲和北美的自殺人數因為經濟大衰退而多出一萬人。[49]

奧斯華的卡通呈現的正是人類長久以來觀察到的現象，也就是信心、憂鬱和焦慮感之間的多向關聯性。隨著心情低落和焦慮感這類情緒的醫療化日漸普遍，我們經常會忽略這項幾乎是常識的事實：不理想、造成威脅的情境容易讓我們感到悲傷和焦慮。這些都是正常的反應，而且在大多數情況下都並非人類大腦出問題而造成的疾病。信心最主要的功能之一，就是在我們的大腦內作為抗憂鬱劑。

信心也是非常有效的抗焦慮解藥，原理如下：人類大腦就像預測機器，大多數時候是以無意識的形式不斷預測世界上會發生什麼事。一旦預測出錯，大腦就會切換成有完整意識的模式，例如對向車輛突然鑽出車陣駛進你的前方車道，或是好友告訴你他的癌症已經進入末期。

如果你預期自己會成功，大腦會在中間區塊的獎賞網絡深處產生一連串明顯的活動。在這個過程中，多巴胺是扮演神經傳遞關鍵的化學物質，而獎賞網絡的活動具有天然的激發動力、抗焦慮和抗憂鬱效果。此外，就如先前提到的，比起不理想、令人失望的預測失誤，人類大腦偏好從正向的預測錯誤中學習。

這種正向的彈性最常出現在當你因為自己稍微優於預期的表現而感到驚喜，或是歷經千辛萬苦之後成功解決難題。大腦的獎賞網絡是根據**預測錯誤**來運作：亦即先前預期和實際現況之間的落差。正因如此，一旦你可以輕易做到某件事，就無法從中獲得這樣的提升效果；不過，如果你歷經重重關卡成功達成目標，大腦的網絡就會對這種優於預期的成功產生反應，帶來一股令人滿足的正面情緒。這就是**掌控**某件事之後的感受，也是信心最主要的來源之一。

如果你因為經濟跌落谷底而失去工作、金錢或住所，隨之而來的負面預測錯誤會截斷獎賞網絡的活動，多巴胺的活動也會因此減弱，導致你的心情低落和焦慮程度飆高。[50]即使沒有經歷這些巨變，如果經濟疲弱導致你的財務前景黯淡，你的心情也會因此變得低落，而且壓力更為沉重。最關鍵的是，這種狀況會削弱你的自信。[51]

就像前文所談到的，大多數人有信心的程度會高於統計上的現實狀況，除非是陷入憂鬱或是長期抱持悲觀態度。然而，這種自我欺瞞的策略不但沒有因為與事實相悖而失效，反而讓人類享有諸多益處，究竟是為什麼？因為像這樣的信心可以擊退憂鬱、消除焦慮感並且讓我們感覺良好，而當我們感覺良好，就會滿懷希望地採取行動，通常這麼做都可以帶來豐碩的成果。

信心也會轉化成財務上的報酬。股票市場的起落和國家代表隊在運動場上的成績息息相關，例如英格蘭國家足球隊的表現優劣就會反映在富時100指數（FTSE 100）上。晴天也會提振投資人的心情，有助於市場反彈，由此可知信心和快樂確實是最親近的姊妹。[52]

這就是信心的第三種作用，能以極為自然又有效的方式提振心情和消除焦慮感。那麼好心情和焦慮感偏低最重大的影響是什麼？要解答這個問題，就必須談到信心的第四種作用：採取行動。

有所作為

喬是成功且高收入的商業顧問，通常和多數倫敦人一樣工時偏長。她聰明、極具分析能力、做事井井有條，而且深受同事和上司喜愛，照理說喬會一路平步青雲晉升為合夥人，但眼前有個問題：會議讓她感到焦慮。尤其面對她不熟識的對象更是如此，例如新客戶，就連和同事一起參與正式聚會，她也會因為尷尬而明顯感覺到臉部和頸部泛紅。

儘管喬有傑出的能力，職業生涯卻停滯不前，因為她開始缺席會議，她會遲到早退，並用其他預定行程當作理由搪塞。起初，雖然喬內心感到焦慮，還是能夠向客戶呈現出色的簡報，她對複雜的商業議題評析能力足以讓客戶留下深刻印象；但是隨著焦慮感漸漸膨脹，她的信心越來越低落。在一次與大客戶的會議中，喬對自己的發言完全失去頭緒，她覺得痛苦到必須立刻離開工作崗位並返家。

喬的上司開始把案子指派給其他同事，雖然同事的能力不及她，卻更擅長面對客戶報告和社交。喬的孤立狀態從獨自在北倫敦的套房公寓度過週末，蔓延到她同樣空蕩蕩的辦公桌。自從喬從英國北部搬到倫敦，她的社交生活就不怎麼活躍，但就連這所剩無幾的生活空間也開始萎縮，因為她不僅逃避職場上的會議，也將社交會面拒於門外。

想當然，喬的心情從此跌落谷底，有時會感到憂鬱。她的焦慮感無所不在，尤其是想起要與人見面時。喬在職場上的信心也變得低落，開始閃躲有挑戰性又複雜的工作，但以前她卻是因為這類工作才得以成長。喬的上司對於她的評價更是從明日之星漸漸轉為負面。

在另一個案例中，薩塞克斯公爵哈利王子（Prince Harry, Duke of Sussex）也和喬同樣為這個問題所苦。在一次由《野獸日報》（*Daily Beast*）報導的電視採訪中，哈利王子表示自從母親黛安娜過世，他開始會因為空間人滿為患而有嚴重的恐慌發作。他會開始冒汗，心臟劇烈跳動，「怦、怦、怦、怦——真的，就像洗衣機一樣大聲」。哈利王子有想要逃離的衝動，但這並不是可行的選項，所以他只能努力隱藏自己的感受。[53]

類似的狀況還有根據《娛樂週刊》（*Entertainment Weekly*）的採訪，演員休・葛蘭（Hugh Grant）也飽受焦慮之苦。休・葛蘭談到息影數年的話題時，解釋說到自己會突然恐慌發作，以至於導演喊出「開拍」的瞬間他會無法動彈，還會經常忘記台詞。[54]

休・葛蘭在片場動彈不得的反應正好突顯出焦慮感的特性：**阻礙你嘗試新事物**。恐懼意味著你感到受威脅，而當你覺得不安全，唯二可行的選項就是「戰鬥和逃跑」（fight and flight）。如果你不知道自己為何焦慮，或者威脅似乎是源自內心，當然就沒有可戰鬥的目標。於是逃跑成了唯一的選項，安全又熟悉的地方則是唯一的庇護所，這也許是休・葛蘭在電影界銷聲匿跡多年的原因之一。

哈利王子想要逃跑卻無法逃避，是因為他的身分和所在之處不允許，身為皇室王子必須參與公開活動，同時身為現役軍人必須履行職責，即便他因為恐慌症狀痛苦不已。

喬則有更多選擇，雖然她為焦慮感和心情低落所苦，還是可以做好部分工作並避開會議，而且也沒有朋友會不顧她的意願強迫她現身社交場合。喬大可遵循焦慮行為的邏輯，並且甘於減少作為。

上述三人的共同點是他們都有退縮的衝動——停止行動、逃避退卻。而這種行為正好和信心的效果完全相反，也就是促使人採取行動並踏入不熟悉的領域。

信心可以振奮人的心情和平息焦慮感，因為信心在不確定的未來投射出成功的樣貌。焦慮感和憂鬱的作用則是相反，在未來投射出負面的後果，導致我們的信心消耗殆盡。從這種雙向作用的結果，我們可以一窺信心在我們大腦中的第四種運作方式：讓我們**有所作為**和**採取行動**。

編劇馬歇爾·布烈曼（Marshall Brickman）引用伍迪·艾倫（Woody Allen）的這段話簡明扼要地點出了這項事實：「要說我學到了什麼，那就是伍迪說的：『人生中有百分之八十的成功都是只要現身就夠了。』有時候躲在家裡的床上會比較輕鬆，我兩種都試過。」[55]

伍迪·艾倫說得完全沒錯，只要現身，你就是在採取行動，往前跨出步伐。只要重複執行，就會產生振奮心情和提振信心的效果。

像喬這樣有嚴重焦慮感的人，在一生中的作為通常比較少。[56]他們較少有機會透過克服挑戰來獲得提振心情、減緩焦慮和累積信心的效果，因為他們比較少採取行動。這類人體驗到成功的機會也比較少，例如遇到契合的戀愛對象或找到更令人振奮的新工作。

信心之所以對我們的生活有如此深遠的影響，是因為信心可以驅使我們採取行動。即便我們的行動未必會通往成功，只要堅持下去，單是嘗試不同的行動路線通常就會有回報。

如果心理學家要治療像喬這樣的恐懼症，可以採取兩大交互影響的方式：第一種是協助她釐清和其他人會面時所觸發的思緒和恐懼，並且幫助她漸漸改變思考模式。第二種則是慢慢促使她採取實際的步驟，去做到她所逃避的事，這樣一來她就能體驗到因為掌控感而累積信心的重要過程。

喬很幸運地找到了出色的臨床心理醫師，採用的就是這種認知行為療法，她因此能夠重新踏上平步青雲的職涯。哈利王子和休．葛蘭都設法繼續在專業領域上耕耘，因為他們比較難以像喬一樣逃避採取行動。學習抱持信心和學習減緩焦慮通常是一體兩面的事。

總有些時候，我們得面對想要逃避的事。信心這種關鍵的要素可以讓我們跨出一步，去做那些自己避之唯恐不及的事，而克服逃避心態所產生的掌控感，也會有助於培養自我信念。有研究人員證實，在治療像喬這樣的恐懼症時，當事人是否能克服恐懼，取決於本人多有信心去做自己害怕的事。[57]相同的原理也可以套用在我們生活中的其他領域：有信心的人會選擇有助於拓展和改善自我的目標，[58]因此這類人會變得更有情緒韌性。[59]

在這一章，我們得以一窺複雜的大腦機制如何奠定信心的基礎，以及在我們的生活中，信心是如何從各個層面造就成功。然而，既然有激勵信心的方法，自然也會有削弱信心的陷阱，誘使我們一步步走向失敗。

3

信心低落的原因

你注意到自己的記憶力，或是伴侶或父母的記憶力越來越差，醫師請你完成一組簡短的測試以評估你的專注力、思考能力和記憶力。如果你人在英國，醫師可能會使用一種叫做「阿登布魯克認知測驗」（Addenbrooke's Cognitive Examination）的篩檢方式，由我在劍橋大學（Cambridge University）的前同事所設計，其中包含如記憶一小串詞彙、以七為單位從一百開始倒數，以及畫出指針位於特定時間的鐘面等題目。至於在其他國家，醫師也會以類似的測驗進行評估。

你完成測驗後，醫師會計算出你在一百分之中得到幾分。分數低於八十二表示患者在專門的醫院門診進行完整的評估後，有八成四的機率被診斷為失智症。

艾希特大學（University of Exeter）的研究人員想要探究如果受試者所得到的測驗相關資訊不同，是否會影響到測驗分數。[60]六十多歲的受試者先被隨機分為四組，接著才接受出自劍橋大學的認知測驗。

研究人員告訴其中一半的受試者，他們參與的是針對四十至七十歲的研究，而且他們是組別中年紀較大的一群。而另一半的六十多歲受試者則被告知，他們是組別中年紀較輕的一群。

接著研究人員將兩種版本雜誌文章的其中一種分別提供給自覺年紀較大以及自覺年紀較輕組別中的一半受試者。有一半的受試者會讀到，年紀增長尤其會導致記憶力和健忘的相關問題，因此需要使用提醒工具和筆記本；另一半則會讀到，年紀增長會導致整體認知能力下降，影響擴及所有大腦能力，包括專注、決策、規劃和解決問題。

簡而言之，第一組認為自己是整個組別中比較年輕的一群，而且變老會影響記憶力，但運用輔助工具可以彌補這一點。第二組也認為自己是比較年輕的一群，但年紀會導致大腦能力全面衰退。第三組認為自己是比較年老的一群，以變老會導致記憶力相關的問題，不過只要運用輔助和提醒工具就能有效控制這個問題。第四組也認為自己是比較年老的一群，並認為年老會導致整體的認知能力衰退。

需要再次強調的是，四個組別的受試者都是相同年齡，唯一的差異在於他們是否覺得自己相對較年老或年輕，以及他們所讀到的大腦能力下降相關理論。

分為四組的共六十八名受試者接受了劍橋大學的認知測驗，和真正因為記憶力問題求診所需進行的測驗一模一樣。最後，研究人員會計算出篩檢測驗的分數。

照理說，一群看似健康的六十幾歲受試者之中，只會有一小部分會落在低於八十二分的失智症範圍，然而有一組卻是例外。在自覺比較年老且讀到整體認知能力衰退文章的組別，這些健康受試者呈現出完全不同的模式，約七成的人低於八十二分，如果這是在現實生活中，他們都會被醫院的記憶力門診歸類為疑似患有失智症的案例。

這四組的人選完全是以隨機的方式分配，他們**實際上**罹患失智症的風險不可能會有差異。這些受試者之間**唯二**的差異，就是研究人員是否讓他們覺得自己比較年老或年輕，以及他們對於認知能力老化的信念。

「年老」一詞有很多偏負面的內涵意義，都是電影、故事和歌曲灌輸給我們的觀念。舉例來說，六〇年代的「誰人樂團」（The Who）最有名的一段歌詞就是在訴說希望能在老去之前死亡。被形容為年老並不是中性的敘述，比較像是一種心理包袱，多半潛藏在人的無意識覺知中，並且透過各種有關肢體和大腦能力的負面聯想和期待讓人倍感負擔。如果你認為年齡會導致機能全面喪失，而不是只會造成一些特定的記憶力障礙，就更會落入這種心態。

就如前文提到的，信心指的是認為自己可以做到某件事的信念，我們也瞭解到由於信心在大腦中的運作方式，自信可能會成為自證預言（Self-fulfilling prophecy）。像「年老」這樣的心理包袱會破壞上述的信心，因為人認為自己可以做到什麼的信念會因此被削弱；受試長者對自身大腦表現的信心就是因此變得薄弱，進而導致他們的測驗分數被拉低。

還有很多其他這類型的沉重包袱：種族、性別、宗教、社會階級和種姓制度都可能會妨礙表現。有偏見的文化施加在個人身上的這些標籤——亦即刻板印象——不只存在於他人的偏見之中，標籤可能會根深柢固在被指涉對象的腦中並耗盡他們的信心，造成他們表現出和刻板印象一致的行為。舉例來說，相較於其他族裔族群，非裔美國學生的心智功能標準化測驗表現通常都不太理想，例如學術能力測驗（SAT）或研究生入學考試（GRE）。

一九九五年史丹佛大學的克勞德．斯蒂爾（Claude Steele）進行了一項知名的研究：非裔美國學生要作答有三十三題的語文測驗，大多是選自GRE中難度最高的題目。研究人員告訴受試學生的研究資訊有兩種版本，隨機分組後有一半的學生會得知，這項研究是關於「影響閱讀和語文論述能力相關題目作答表現的多種個人因素」，而且研究結束之後他們會得到關於自身強項和弱點的意見回饋。另一半的學生則以為這項研究是關於「解答語文題目涉及的心理因素」，而且研究人員承諾會給予他們意見回饋，讓他們可以先熟悉將來可能遇到的問題類型。

非裔美國學生都十分清楚外界是如何看待他們的學業能力和智商，就像老年人都過度在意一般人對長者記憶力和心智靈敏力的成見。這類觀念可能會蟄伏在人的大腦中，只在特定情境下甦醒，其中一種情境就是當你必須進行特定的能力測試，而根據刻板印象你並不擅長這項能力。一旦這類思維在腦中浮現，嚴重的焦慮和自我懷疑就會隨之而來。人的認知能力會因此被削弱並拖累實際表現，最後印證了刻板印象。

非裔美國學生得知要進行智力測驗，他們在三十三題的測驗中大約會答對八題；相較之下，白種人學生大約會答對十二題。許多評論方把這樣的發現解讀為，種族族群之間在智商上有天生——而且可能是基因層面——差異的證據，但是這樣的觀念並不正確。

另一組非裔美國學生得知的是不同版本的研究主旨，亦即要探討人如何解決問題，從他們的表現就可以看出上述的推論有誤：這組學生答對的題數是十二題，和白種人學生一樣。單是以為自己進行的是智商評量，就導致另一組的心智表現滑落三分之一。這是一種額外的心理負擔，而沉重的負擔削弱了這組學生的信心，自我懷疑膨脹之後，糟糕的表現就緊接而來，最後強化了刻板印象。[61]

這種研究結果也可以套用在性別上；一般認為女性比較不擅長處理視覺空間作業。測試這種能力的典型題目之一，就是用二張方向不同的抽象形狀３Ｄ圖來進行測驗，受試者必須在腦中的三維空間轉動其中一張圖，來讓兩張圖的方向相同，最後要判斷兩個形狀的結構是否相同。

而確實，平均而言女性在這項測驗的表現比男性差；**然而**，如果女性受試者先「做好準備」，也就是在接受測驗前先讀過一篇文章，其中指出女性比男性擅長這類題目，那麼她們在這項理應有性別差異的測驗上會表現得和異性一樣好。[62]

新罕布夏州（New Hampshire）達特茅斯學院（Dartmouth College）的研究人員運用腦部顯影分析這類刻板印象是如何改變大腦功能。[63]當女性被誘導認為，女性較不擅長這種在腦中模擬旋轉的題目，大腦中處理情緒的區塊會變得活躍，並難以保持清晰的思緒；而如果是被誘導認為，平均而言女性比男性擅長這類測驗，女性大腦中負責視覺空間的區塊會變得活躍，讓她們可以表現得和男性一樣好，完全不受刻板印象影響。

會影響成功與否的刻板印象可不只有年齡、種族和性別，大多數人都背負著某些其他人加諸在我們身上的標籤，而這些標籤深深嵌入了我們的心理狀態。有時候這會帶來正面的影響，例如身材具有吸引力，[64]身高通常也有助於強化信心，因而帶來成功。[65]

信心的自證預言效果

請想像一下，現在你必須做一件讓你很緊張的事。例如，你想要請上司讓你的工作排開，好讓你可以休假六個月去旅行。

在你模擬上述情境的同時，請試著留意自己的思緒：解釋或懇求的說法、關於如何遞交工作的建議、對未來的承諾等等。在想像中，上司因為驚訝而露出皺眉的表情，接下來也許會點個頭——還是搖了搖頭？對於自己可能會說的話和會採取的行動等種種想像，在腦中不斷打轉。你感覺到自己紅了臉，糟糕——你開口說出第一句話就結巴，雖然你練習了好多遍這句應該要是必殺技的第一句話。

於是，信心低落會讓你在根本還沒開始之前，就預見自己的失敗。相對地，信心十足讓你有辦法掃除這類失敗的想法，就像颳起一陣疾風吹散街上的落葉。對於自己的用字遣詞和表達方式所產生的懷疑，像枯葉一樣不見蹤影；想像上司會面露失望和否定的畫面，則有如被風吹散。這些被拋在腦後的一切，都是在大腦中的彩排，一連串的行動導致了結果——這就是信心的運作方式。當你在彩排活動，大腦會精準演示之後將會執行的整套步驟，除了最終的動手或動口。

在這個如實模擬的過程中，其餘步驟都會在你的腦中執行過一遍，就像你真的在行動或說話。這就是想像力——信心的營運長——的功能，想像力會啟動目標事件的完整行動迴路，除了終極的最後階段：輸出。

這意味著，你的腦海沒有因為其他思緒和行動而阻塞：結巴、上司皺眉或是自己脹紅的臉。相對地，這時大腦已經做好準備並充分彩排，一如出色的演員站在布幕後方等待正式上場。當然，像這樣純淨的心智狀態，會大幅提升你用最合適的語調表達必殺技說詞的機率。你耀眼又充滿信心的表情會讓上司確信，她不能沒有你這樣的人才。而由於信心引導你預期自己會成功，你的大腦會處於期待獎勵的模式，而不是預期受到懲罰。

昆士蘭大學（Queensland University）二〇一九年的研究分析了知覺變化如何影響人的處理資訊能力：受試者在一開始會收到七．五美元，規定的目標是要達到特定的速度和準確度。在一段期間內，受試者達到目標後會得到二．五美元的獎勵；在另一段期間，當受試者沒有達到目標，就會被「罰款」二．五美元。結果相較於因為失敗而受到懲罰的期間，受試者在因為成功獲得獎勵的期間反應較快也較準確。[66]啟動大腦的獎勵預期迴路之後，信心會改善資訊處理能力，包括準確解讀上司的表情以及有效作出回應。

信心低落的效果則是完全相反，因為這種狀態會導致你傾向預期懲罰，就如昆士蘭大學研究所呈現的結果。信心低落會減緩資訊處理能力，並且用其他引人分心的選項讓你無法專注在主要目標上，例如和上司溝通時你可能會含糊其詞、結巴以及尷尬地躲避視線。

因此，在沒有信心的情況下，大腦會因為同時間出現多種相互衝突的行動而感到混亂，這也難怪你可能永遠都不敢去敲上司辦公室的門，或者就算只差最後一步就能踏進去，你也會臨陣脫逃轉身離開。即便真的鼓起勇氣走進上司的辦公室，你還是會垂頭喪氣、一臉緊繃、發言斷斷續續。畢竟當腦中淨是矛盾的訊息和衝突的方案，你還能有多好的表現？信心可以有效控管這種不和諧的心智狀態，還能重新譜出優美的一曲。我們在後文會看到，自信具有傳染性，而有信心地呈現提案，輕鬆獲得首肯的機率會大出許多。

信心有如業務員

多數人都會以合理謹慎的態度看待業務員的說詞，因此，如果說信心有像的一面（我們會在之後談到這一點），這是不是代表我們也必須同樣謹慎以對？*

請想像一下這個場景：歷經橫越大西洋的漫長旅途後，我眨了眨眼終於看到美國潮濕的落日。我拖著有時差的身軀踏上機場外令人手足無措的大馬路，到處都是豪華轎車、計程車和接駁巴士。一台黃色接駁車煞車停下；大量乘客和行李湧出，我看向旁邊的女性。

「這是往租車處的接駁車嗎？」我問她。

她皺起眉頭並回答：「應該是吧……」

我猶豫了一下，車門瞬間關上，接駁巴士就這樣揚長而去。

另一台接駁車停下──這次是藍色的車，又有一大群乘客湧出。我轉向右方的男性。

「這是往租車處的接駁車嗎？」我問。

他篤定地點了點頭，「對，是這台。」

我滿心感激地跟著他搭上車，接駁車急速駛進漸漸變濃的夜色。在一片黑暗之中，我被巴士丟在最遠端的長期停車場。我花了一個小時才找到回去航廈的路，然後搭上──沒錯──前往租車處的黃色接駁車。

為什麼我不相信第一次問到的那位女性呢？因為她看起來不太有信心；相對地，那位男性明顯表現出篤定的樣子，導致我淪落到嚇人的機場邊陲地帶。

* 作者註：我在這裡用的詞彙是暗示性別為男性的「業務員」（salesman）而不是不分性別的「業務員」（salesperson），因為我們會在本書的後段討論到，信心在某個層面上特別有利於男性，同時不利於女性。

當派洛．哈靈頓的桿弟羅南．弗魯德告訴哈靈頓，他有能力靠著切球和推桿拿到公開賽冠軍，重點不在於桿弟對於高爾夫球選手的信心是裝出來的。對於哈靈頓來說，弗魯德對他表現出來的信念，就足以幫助他重整大腦中紊亂的網絡，重拾專注的秩序來執行他代表性的揮桿。

世界是個複雜又快速變動的空間，為了應對這樣的情況，大腦發展出一些心智捷徑，也就是所謂的捷思法（heuristics）。這些經驗法則讓我們不必每遇到一種狀況就得深思熟慮一遍，尤其是作決定的當下正承受壓力或感到疲勞時。在這之中有一種捷徑被稱為信心捷思法（confidence heuristic），我搭上錯誤的機場接駁車時仰賴的就是這種心智捷徑。當時我很快判斷出，根據那位男性的信心可以合理推論他具備正確的知識，而那位女性較不篤定的回應則導致我不願相信她。

雖然在上述的例子中，我作了錯誤的決定，但一般而言，在不同的資訊來源之間抉擇時，信心捷思法並不算是太差的法則。這種「信心＝知識」的捷思法是相當普遍的思路，最為人所知的效果就是讓聽起來信心十足的人更具說服力。換言之，信心可以讓你成為有影響力的人和王牌業務員。[67]

有說服力的人會獲得社交光環，進而讓他們更有信心。重點不在於信心捷思法可能出錯，生活的常態總是太過混亂和複雜，錯誤建議造成的失敗通常不會即時顯現讓我們有機會修正。可以有信心地表達看法的人比較具有說服力，而且有影響力的人也比較容易獲得想要的東西。因此，當這類人犯下錯誤，數百人、數千人，甚至數百萬人都必須承擔後果。

想法信心

二〇一六年的脫歐公投是針對一項複雜問題的二選一抉擇，事關英國的歐盟會員國資格。許多人批評當時的保守黨首相大衛・卡麥隆（David Cameron）發起公投，等於是造成嚴重的國家分裂，就為了一個在過去幾乎完全只是他所屬政黨內部爭議的問題。

多次民調顯示，在大多數的國民心中，英國的歐盟會員國資格並不是大眾優先考量的事項。不過接下來，由於公投造勢活動引發了惡意的政治紛亂——第十一章會詳談這個部分——脫歐旋即變成社會注目的政治議題，而且形成極大的分化效應。

卡麥隆的回憶錄在二〇一九年出版時，他大力批判繼任的首相鮑里斯・強森（Boris Johnson），但他並不後悔發起公投。卡麥隆堅稱，公投「有其必要性」

且「無可避免」，儘管他對於英國因此陷入混亂的結果感到遺憾，但還是堅信自己當時必須作這樣的決策。[68]

我曾經向一位同事提起，我對卡麥隆的立場感到驚訝，這位同事曾在英國政府擔任部會首長顧問，起初他的回應讓我嚇了一跳，卻也讓我開始思考。他說：「對啊，除非你對於自己的決定有一定程度的篤定，否則你沒辦法在那樣的政治層級做事——也絕對沒辦法爬到那樣的層級。不然，競爭的壓力早晚會讓你消耗殆盡。」

這讓我回想起幾年前，我曾經和大衛・卡麥隆之前的其中一任首相東尼・布萊爾（Tony Blair）的資深顧問有過一段對話。他非常忠誠地為前任上司辯護，並拒絕譴責布萊爾造成慘烈後果的決策，也就是加入二〇〇三年的伊拉克入侵行動。他盛讚前任首相的諸多政治成就，包括在內政和國際層面，不過有這麼一次，他在喃喃自語時卸下防備心：「我最擔心的就是他一向都很篤定。」

當時，我認為這種篤定是布萊爾戀棧權力的症狀，直到數年之後，從討論大衛・卡麥隆的對話之中我才理解，這兩位政治人物所展現出的篤定是信心的其中一種形式。我偶然發現了想法信心的概念。

你覺得自己屬於內向還是外向的人？現在請你自問：你這樣看待自己的想法有多強烈？提出這個問題，是要請你檢視一下自己的思維，並且評估你對自身想法的信心。如果要回到大學重新學一門專業或行業，你多有信心自己可以做到？你有多確定自己想要研究的主題？如果你對於自己的選擇沒有信心，就很有可能不會採取後續的行動。根據馬德里大學（University of Madrid）研究人員在二〇一〇年的發現，對自身想法的信心會讓想法與具體行動之間的連結更強。[69]有半數的英國人都希望當初大衛．卡麥隆對於舉辦公投的想法不要那麼有信心。

我的曾祖父詹姆士．羅伯森（James Robertson）曾在蘇格蘭海岸以西的比特島（Bute）經營磨坊，他的水磨坊是以圭南溪（Greenan Burn）這條小溪為動力，景色有如平靜的風景畫。但是水磨坊並不賺錢，所以他必須兼差做木工和殯葬業，來補貼微薄的收入。後來有一天，島上最大的磨坊——位於鄰近城鎮羅撒西（Rothesay）的中心——有意求租，根據眾人的共識，我的曾祖父是理想人選，有能力經營這家獲利能力更好、產量更高的企業。

交出租賃磨坊投標書的期限是指定週五的下午五點前，要交給領主比特侯爵（Lord Bute）的物業辦事處——即使到了今天，這座島還是維持封建制度。整整一週，詹姆士．羅伯森猶豫著該不該放手一搏。到了週五，他焦躁不安地在圭南磨坊裡走來走去，前一分鐘他才決定要接手，下一分鐘他又開始遲疑，不停想著這麼做的缺點，但事實上根本沒有多少缺點。於是他就這樣搖擺不定——蘇格蘭人會用「動搖」（swither）這個詞來形容。最後，在下午四點，他決定走三英里進城，並成為羅撒西磨坊的經營者，他趕在辦事處關閉前抵達。

「我要接手。」他對著比特侯爵的代理人大聲說道。

「來不及了，詹姆士。」代理人回答，「有人搶先了，我們以為你不想接手。」

於是，受到拖延症詛咒的家族故事就此誕生，雖然疑似只是杜撰。

當你不清楚自己在想什麼——也就是白話版的「對自身想法缺乏信心」——拖延傾向就會出現。要對於自己是否可以做到拖持信心，就必須要對這個行動背後的想法有信心。果斷的人針對行動方案作決定時，並不會表現出游移不定的樣子，儘管他們在踏出決定性的一步之前，也許還是會在腦中來回考慮一陣子。話雖如此，關鍵在於這類人「確實會」踏出那一步。有些像是我曾祖父那樣優柔寡斷的人會在腦中考量各種選項，卻遲遲沒有踏出最後一步，到最後，好一點的結果是造成延遲，壞一點則是因為毫無作為而不知所措。根據定義，拖延症患者通常無法把事情「完成」，因此明顯較少從達成目標獲得成功經驗。

行動是信心的姊妹，當我們缺乏信心，隨之而來的毫無作為就可能讓我們陷入失敗。採取行動要透過身體力行，那麼抱持信心和缺乏信心又會對人體造成什麼影響？

有信心的身體

有一天，我收到一封信邀請我到附近的健身房免費體驗，還附贈體能評估。由於我已經注意到自己的中年贅肉好一陣子了，便決定利用這項優惠。一位年輕女性向我說明，我們要一起用遍各種器材，來針對每種器材建立適合的基準值，最後設計出屬於我的訓練循環。

首先，她引導我走向跑步機，在請我踏上去後，她把機器設定成以步行般的速度運行。

「這個速度如何？」她問。

「說真的，還滿慢的。」我平靜地回答。

她調高了速度。「現在呢？」

「還是很輕鬆。」

她又大幅調高速度。「這樣如何？」

我的額頭開始冒出一粒粒汗水。「我可以跑得更快。」她最後一次把速度往上調一級。「剛開始這樣算是很不錯。」她說。

我聳了聳肩，試圖表達我因為無法完全展現優異的體能而感到失望。接著她請我坐在一台器材上，要將橫桿往下拉以提起一疊重量。接著她選好重量。

「試試看這個——看看感覺如何。」

我使勁把橫桿往下拉，配重塊喀噹作響地升到最高。

「幾乎沒感覺。」我不滿地低聲表示。

她將重量一塊又一塊地加上去，我偷偷瞄了一眼她的臉；我實在無法解讀她的表情，所以決定擅自理解成她是略有保留地佩服，這位較年長的男性竟有他年齡一半的身體力量。接下來，我們操作了一個器材又一個器材，將重量、速度和阻力調整成符合我驚人的體能水準。體驗課程結束後，她寫下我的訓練循環，當作之後上健身房的參考，我試圖大搖大擺地離開，不過不怎麼成功，因為我拉傷了小腿的肌肉。

隔週我再度到健身房報到，從檔案盒抽出我的訓練循環筆記，然後準備去做第一組重量。我選擇從相當保守的基準點開始，也就是我在體驗課程自認不太滿意的紀錄，我把橫桿往自己的方向下拉，結果卡住了；橫桿動也不動。

這很常見，我心想，**付了月費之後就發現設備故障**。我檢查了一下，卻發現器材沒問題，於是我重整旗鼓，再度往下拉。我感覺到太陽穴爆出青筋，還因為使盡力氣而發出呻吟，橫桿還是沒動。我拿掉五公斤的重量，還是沒反應；十公斤——絲毫不動；最後減去了三十公斤，我才有辦法讓所剩不多的配重塊往上升。

走向跑步機的同時，我在心裡暗記要向健身房經理投訴器材的狀態。我把速度設定在教練認可的數值，然後踏上機器，結果我被往後一彈，來不及抓住扶手就倒在健身房地板上。我抬頭一看，那位幫我設計訓練循環的年輕女性正看向我。

「你還好嗎？」

「還好，我沒事。」我回答，以一個平躺在地上的人來說有點沒禮貌。

「我當時就覺得這個速度太快，」她說：「但你很堅持。」

我緩緩地站起身。

「那些重量……」

「我也知道那些重量太重。」她露出微笑，略帶感到有趣的表情，讓我覺得有點不專業。

我悄悄溜走，默默思考著之後永遠不會用到的會員資格有多少沉默成本。

第一次造訪時遇到的那位教練莫名地提升了我的力量，有她陪練時我可以舉起的重量在我獨自一人時完全無法做到。而我們可以從這起事件瞭解到信心的哪一面？

有一本暢銷書宣稱，美國海軍的海豹部隊（SEAL）有所謂的百分之四十法則：當你覺得自己無法再繼續使出身體力量，其實你只用了全部能力的四成。[70]其實這是杜撰的故事，我和幾位資深的海豹部隊指揮官確認過，他們全都否認教授過這種法則。不過，有充分的科學證據顯示，提升信心有助於提高我們的力量和耐力程度。[71]

二〇〇七年，埃默里大學（Emory University）的研究人員在實驗中讓學生變得更有或更沒有信心。他們採用的測量工具是手持測力計，受試者要用力擠壓讓其中有阻力彈簧的金屬把手貼緊。壓緊的時間越長，就會越難堅持下去，因為手會變得更累更痠。[72]研究人員操控信心的方法，是隨機告訴一些學生他們比較強壯，同時則告訴另一群學生他們比其他人弱，但實際上，兩組學生在力量上沒有任何差異。

最後的結果相當驚人，相較於信心程度低的組別，信心程度高的組別握住把手的時間多出三成，而且他們的雙手所感覺到的痛苦和不適也較少。

法國格勒諾布爾（Grenoble）的研究人員將相同的實驗方法套用在年齡介於五十二至九十一歲的受試者，[73]不過研究人員先問了每位受試者覺得自己有多老——多數人都覺得自己比實際年齡年輕一點，法國男性和女性的狀況也是如此。平均而言，他們自認比實際年齡年輕百分之八：六十歲的人平均而言覺得自己像五十六歲，九十歲的人則覺得自己像八十三歲。

接下來所有受試者都進行了測力器測驗，以衡量他們的握力，這本身就是衡量年長者整體活力的實用指標。受試者的平均握力大約是二五・五公斤，接著研究人員對半數的受試者謊稱，他們第一次測驗的握力表現優於八成的同齡人，至於另一半的受試者則沒有被告知任何意見，兩個組別就這樣進行第二次握力測驗。

在沒有獲得任何意見的組別之中，受試者疲勞的手只能使出比第一次嘗試少一公斤的握力。那麼另一組呢？他們的握力多了一公斤。這個組別覺得自己強壯，是因為有人對他們的力量給了錯誤但有助於提振信心的意見。令人訝異的是，這樣的意見也讓他們感覺更年輕。在有信心的組別中，一位六十歲的受試者在這之後表示感覺自己像五十三歲，另一位九十歲的受試者則覺得自己年輕了十歲。至於沒有獲得任何意見的組別，則沒有覺得自己變得更年輕。

儘管百分之四十法則並不是科學事實，期望確實會影響生理力量。相信自己優於八成的同儕，有助於提振你的信心並且讓你更強壯。我在健身房暫時提升的體能——也許是因為誤以為自己還年輕，加上想要讓年輕的教練留下好印象——就是很類似的例子。

信心也有助於強化身體的耐力；有一項駭人的耐力測試是騎自行車直到力竭，也就是不停踩著室內健身車的踏板直到你真的無法繼續忍受。年輕且身強體健的男性和女性在這一項研究中，平均騎了十分鐘才會忍不住停下來。接著，研究人員把半數的受試者帶到一旁，並且教導他們運用提振信心的自我對話詞語。例如，受試者學會對自己說「你做得很好」、「感覺不錯」或是「撐過去」。幾天之後，當他們再次進行力竭測驗，研究人員請他們對自己說出上述的詞語。

就像「只是說說而已」對派洛・哈靈頓有用一樣，單純重複這些和信心有關的詞彙，就足以讓有自我對話的組別提升一成八的耐力——從堅持大約十到十・五分鐘變成十三分鐘。這些受試者在運動過程中也比另一個組別更不緊繃，而後者的耐力時間完全沒有變化。[74]我們會遇到「撞牆期」，通常是因為感到痛苦和不適，但信心可以重塑這些內在感受，包括身體和大腦的感受。

在威斯康辛大學（University of Wisconsin）的研究中，研究人員請受試者躺在功能性磁振造影（fMRI）大腦掃描儀器當中，並且對他們的前臂施加會引發疼痛但無害的熱度。在其中一半的時間，受試者會拿到搖桿，可以在需要時用來中止疼痛感；至於其他時間內，受試者不會有搖桿，只能發揮潛能控制疼痛。只不過，搖桿其實沒有任何作用——研究人員騙了受試者，他們從來就沒有辦法控制疼痛的持續時間，不管有沒有假搖桿。

受試者手臂上又熱又痛的感覺所形成的大腦活動模式，看在疼痛研究人員眼裡十分熟悉。產生疼痛反應的同時，大腦的三個主要區域會亮起來，也就是所謂的前扣帶迴、腦島和次級體感覺（secondary somatosensory）皮質。不過這項研究的驚人之處在於，當在同樣的受試者手臂上施加同等的熱度，從手握假搖桿而來的信心竟抑制了他們大腦在這三個區域的疼痛反應。單是認為自己握有控制權，就足以達到減輕疼痛的效果，即便客觀的疼痛刺激並無不同。[75]

握有控制權的感覺也會影響對長期疼痛的感受，飽受疼痛所苦的人越是覺得無助，對疼痛的恐懼就越深，失能和苦惱的程度也越高。[76]當你覺得沒辦法控制自己的疼痛，會讓疼痛更加惡化，這一點可以從客觀測量大腦的狀況得知。最能侵蝕信心的情緒就是恐懼，如果你對自己的疼痛感到害怕，就會導致焦慮程度漸漸上升，控制感漸漸流失，最後讓疼痛加倍。感到無助會引發信心潰堤，並喪失自己可以控制的信念。而單是覺得有信心，則有助於從位於大腦的源頭降低疼痛感。

疼痛和不適是運動一環，所以信心能讓你表現得更好、更持久並不令人意外。信心就像是對抗疼痛的疫苗，可以避免你因為疼痛而放棄。

有信心的老化

較年長的族群——也就是七十多歲的人——以輕快的步伐走在街上時，相較於漫步的同齡人，會看起來較年輕、健康和有活力，這樣的印象已經過科學證實。走路步調最緩慢的一群——尤其是男性——在接下來數年的死亡機率幾乎是步調最快者的兩倍。[77]

除此之外，如果人的走路步調在兩年間大幅下降，接下來數年的死亡機率幾乎會提高兩倍。[78]要釐清這些研究中的因和果並不容易，人當然會因為健康狀況變得不好而走得比較緩慢，但失去動力和與世界的交流，也可能會導致步行速度下降和罹病及死亡風險上升。解析這些發現的方法之一，就是針對非常大量的人進行研究，並且在統計上控制健康狀況差等因子。

都柏林三一學院（Trinity College Dublin）的研究人員採用的方法就是如此，他們研究了超過四千位較年長者——平均年齡為六十出頭——的步行速度，以及接下來兩年的變化趨勢。接著迪德麗・羅伯森（Deirdre Robertson）和同僚在兩年期間的一開始，先調查這些受試者對於變老是否抱持信心，結果發現他們的態度有分歧。舉例來說，部分年長者肯定像這樣的說法：**隨著年紀漸增，我可以做很多努力來維持自己的獨立性**。其他年長者則同意這樣的說法：**我完全無法控制老化對於自身社交生活造成的影響**。

相較於最有信心的一群，對於老化最沒有信心的年長者，步行速度下降了一成三。[79]步行速度可以預測未來的健康狀況，於是接下來研究人員就能排除老化信心和步行速度之間產生關聯的其他合理原因。

研究人員也在同一群受試者身上觀察到，老化信心和認知能力變化之間有類似的關聯性。相較於最具信心的年長者，信心最低落的年長者在兩年間的心智敏銳度更明顯地驟降。此外，他們自陳的日常記憶力也呈現出更大幅的銳減趨勢。[80]

你覺得自己的記憶力有多好——主觀記憶力評估——是失智症研究人員關注的一大焦點。幾乎所有人都會注意到自己的記憶力隨著年齡增長而有所變化，如果變化特別明顯，可能就是失智症的早期徵兆。不過，在賓夕法尼亞州（Pennsylvania）有一項針對約二千名六十五歲以上長者的五年研究，讓這種信心－記憶力關聯性顯得尤其耐人尋味。根據這項研究，對於自身記憶力的主觀信念比客觀記憶力的變化還要早出現。[81]

信心可以深植於人的大腦和身體，而且也許還能延長人的壽命。一項針對美國七萬名護理師的研究發現，人生早期最為樂觀的女性相較於最不樂觀的女性，平均壽命多出了十五年。樂觀和信心是不同的概念——樂觀與信心橋梁中「可以實現」的跨度比較相關，而不是「可以做到」——不過兩者可以算是近親。樂觀主義者會贊同這類陳述：**在不確定的時候，我通常會預期有最好的結果**，以及**整體而言，我比較常預期好事而不是壞事發生**。同時這類人不會贊同以下的陳述：**如果我有可能會遇到什麼壞事，就一定會遇到**；我很少預期事情會順我的意。樂觀主義者活到八十五歲的機率，比悲觀主義者要高得多。[82]

信心「究竟」是如何運作和無法運作？

在歷史上，科學家和哲學家都推論人類之所以和其他物種不同，是因為具備語言、運用工具、解決問題、同理心或團結合作等能力。不過，根據近幾十年的研究，這些原本是絕對的差異漸漸瓦解，因為經證實有多種動物都展現出上述的部分或所有能力。

然而，有一項能力從未在其他物種上觀察到，是人類／非人類的絕對分界：人類有一種習性，可以想像出尚未存在的事物，並且投入長時間的努力打造出那個還沒實現的現實。約翰·甘迺迪的月球競賽就是典型的例子，但事實上，人類所有的工程、藝術、科學或文明創新，仰賴的都是這種能力。

想像出當前並不存在的事物，並且在腦中模擬出目標可能的樣貌，是人類獨有的能力；一步一腳印打造出想像中的未來，也是人類獨有的才能。話雖如此，真正將模擬畫面化為具體成果還需要一種關鍵的動力，也就是信心。

我們在前文探討過信心是如何在心理、大腦和身體層面運作（或無法運作），並在想像和世界當前狀態之間的鴻溝搭起橋梁，這類概念包括表面層次（只是說說而已）以及更深層的形式（想法信心）。我有提到過度樂觀的心態是信心衍生的一大錯覺，我們需要這種心態來幫助自己產生每天早上起床的動力，這樣我們才能對抗殘酷的可能性，並且創造新的可能性。悲觀心態之所以會造成阻礙，是因為這種心態會導致你承受兩次疼痛：第一次是在預期不理想的結果時，第二次則是親身體驗到失敗時。信心可以說是具有完全相反的效果，信心會獎勵你兩次：第一次是在預期成功時，第二次則是獲得成功時，這就是為什麼信心是一種自證預言。

信心的另一個益處是藥理上的抗憂鬱效果，信心促使我們有所作為的激勵效果，有助於我們發掘缺乏信心時無法遇到的全新機會。而由於信心幫助我們在腦中上演理想的結果，這樣的心理模擬過程讓理想的結果更有可能實現。信心足以讓人的身體更強健，也讓努力沒那麼痛苦。但最重要的應該是，信心讓我們成為業務員，有能力集結眾人基於對的價值為這個世界做一些重要的事。

那麼信心究竟是從何而來？

4

是什麼讓我們有信心？

二〇一八年七月十三日，在夏季晚間倫敦西區昏暗的燈光下，兩名男性累癱在彼此的懷中，他們剛剛打完網球史上時間第二長的比賽。美國選手約翰・伊斯內爾（John Isner）失手把球打進單打邊線和雙打邊線之間並敗下陣來，讓南非籍對手凱文・安德森（Kevin Anderson）在這場六小時又三十六分鐘的比賽中獲得勝利。安德森以二十六局比二十四局搶下最終決勝盤，以及溫布頓網球錦標賽（Wimbledon）的決賽門票。

伊斯內爾不知道的是，從統計學的角度而言，儘管最後一盤歷經激烈廝殺，他的命運在幾小時前第一盤結束時就已注定。安德森以些微之差贏下第一盤，在搶七決勝局中以八比六獲勝。事實上，根據昆士蘭科技大學（Queensland University of Technology）的研究，以些微之差在第一盤取勝會大幅提升選手贏得整場比賽的機率。[83]

在籃球界有個「手感效應」（hot hand effect）的說法，指的是投球成功一次後下一次也會成功，以此類推，最後就會形成連勝。換言之，成功會帶來成功。長久以來這個說法都被視為運動界的迷思，但現在研究證實，手感可能真的存在，不只是在籃球界，也包括其他運動如網球。[84]

在網球比賽中，千鈞一髮取得第一盤勝利的狀況通常會發生在選手能力相當時。因此，第一盤的勝負相當關鍵，因為贏得第一盤會提高贏下整場比賽的機率，背後的原理之一就是提振信心。

烏普薩拉大學（Uppsala University）的研究人員在二〇一五年發現，類似的情況也發生在職業高爾夫球比賽中。在他們的實驗中，當比賽進行到一半，技巧水準幾乎相同的選手會歷經「晉級」（cut）的過程，並分為成功和失敗組。相較於以分毫之差遭到淘汰的選手，驚險過關且成功晉級的選手在賽事後半段的表現有更大幅的改善。賽事獎金越高額，這種贏家（或手感）效應就越明顯。[85]

不過，這種現象不只有出現在職業運動場上。假設有個孩子在十月一日滿十歲，而足球隊的遴選規則指出，會根據九月三十日的年齡來將孩童分配到特定的年齡組隊伍。因此那個孩子會是十歲隊伍中年紀最大的隊員，入隊的隔天就滿十一歲。這樣的孩子在將來進入國家和職業足球隊機率較高，他們因為年紀稍大，比年紀稍小的孩子更有生理優勢，所以比較容易累積成功經驗，也比較容易被觀察到「有天分」。[86]類似的效應也可以在職業曲棍球界看到。[87]

如果說信心不只是手感效應，成功帶來成功、失敗帶來失敗的引擎。如果說成功是一種燃料，可以協助我們在人生中達成更多目標，信心是否就是一種添加劑，可以將我們調整到有更佳表現的狀態——就像特定等級的汽油可以提升引擎表現？為了解答這個問題，我發現米蘭大學（University of Milan）的經濟學家安東尼奧．菲力賓（Antonio Filippin）所作的研究，他分析了學童對於自身學業能力的想法，以及這些自我評價造成的長期影響。[88]

世界上所有的學校都會為學生打成績，長時間下來，這種對於學業進展的反饋意見會在學生的腦中成形，因此他們多少知道自己相較於同學的學業排名。在大多數的學校系統中，這類反饋都偏向溫和，形式也相當多樣——在統計學家眼裡就是「雜亂的」資料。所以對於學童來說，評價自身能力時其實有一些彈性，未必和老師辦公桌上的成績單完全一致。

即使有這樣可以彈性調整的心理空間，菲力賓推斷，隨著作業和測驗成績長時間累積下來，來自外界的回饋還是會漸漸形塑學生的自我評價。到最後，學生的自我評價會更向「真正的」學業評量結果靠攏。不過當菲力賓仔細分析資料，卻發現實際狀況並非如此。

他觀察到，如果學童在低年級時稍微高估自己的能力，也就是他對自身能力有信心的程度超出他實際成績所代表的水準，那麼在學期間和畢業之後，會有一連串驚人的事件發生。這位比較有信心的學生——基本上，就是比他實際的課堂表現還更有信心一點——會持續作出特定的抉擇。舉例來說，他可能會選擇更用功和報名更有挑戰性的課程，進而有助於累積他的人類資本——菲力賓用了這個非常經濟學的詞彙——包括學業成就、知識和技能。

相對地，如果學童稍微低估自己的能力，則會有相反的效果。他會比較不用功，並且選擇比較輕鬆的選項，因此會穩定落後比較有信心的那位同學。自信具有倍增的效果，長期而言會讓表現飆升，這就像單利和複利的概念。信心是一種超級添加劑，會像累積一輩子的複利一樣不斷累積加乘。

從菲力賓的信心模型中可以看出，兩個具備同等「天生」能力六歲小孩只因為信心程度不同，長時間累積下來的成就差距越來越大。數十年後，儘管兩者最初的基礎能力相近，這樣的差距終究會變得無比巨大。

菲力賓想知道的是，究竟什麼原因讓兩個能力相當的六歲小孩抱持不同程度的信心？結果就目前所知，社會階級是最顯著的因子。相較於弱勢背景的孩子，出生在高社經階層家庭的小孩對自己的能力較有信心，不論基礎能力究竟如何。[89]

話雖如此，我們之後會討論到，信心並不是固定不變，而是可以習得的技能，即使面對像社經弱勢這樣會消磨信心的外部因子也一樣。

這可說是人生中的一大手感效應，說不定甚至是影響最大的一種。和伊斯內爾對上安德森的網球比賽不同，在菲力賓的研究中，手感效應的主要驅力並不是源於荷爾蒙的好勝心，而是信念和期望。這些足以形成信心的思維究竟是什麼？六歲小孩也許不會用這樣的說法，不過這些思維可以濃縮成我們都已經很熟悉的「可以做到」和「可以實現」。

信心指的是認為自己可以做到某件事，而且做到之後好事將可以實現的信念。金錢、地位和權力——全都是越往社會階層高處走供給越充分的資源——可以提升人的信心。和先前看到的例子一樣，這些資源對於後續成功的影響就如同複利。菲力賓所觀察到的現象《聖經》也有著墨，也就是所謂的「馬太效應」（Matthew effect）：「凡有的，還要加給他。」（馬太福音 13:12）。

而社經地位還可以給予你同等重要的東西：快樂。比較快樂的人通常也比較有自信，史丹佛大學在一九八五年的研究顯示，用人為方式提振受試者的心情，就能提升他們的自信。[90]另一群愛荷華大學（University of Iowa）的研究人員則進一步證明，提振心情也能讓人對於自己所作的決定更有信心，即使是有風險的決定。[91]

這些研究結果讓人生顯得非常不公平：比較有錢和成功不僅讓人更有信心也更快樂。這兩種心理狀態結合在一起可以大幅提升你成功的機率，還會以良性循環方式加乘效果。

話雖如此，社會階級—快樂—信心的連結其實沒有乍看之下那麼絕對。

快樂的拉丁民族和跳舞的熊

相較於比較富裕的同胞，窮人的生活比較不快樂、不健康，壽命也比較短。貧窮國家的國民和富裕國家的國民之間的差異也是如此。唯一的例外是拉丁美洲；那裡大多數的國家都不符合統計學家所提出的關聯性，考量人民的富裕程度、國家的貪污狀況以及街道上的暴力事件，這些國家的國民快樂程度高得不合理。

舉例來說，巴西飽受上述的三大問題所苦，但巴西人的快樂程度卻幾乎能夠媲美英國的快樂程度，而墨西哥的快樂程度則剛好超越了美國。[92]

該怎麼解釋這樣的現象？其中一項關鍵的因素似乎是家庭和人際關係。

平均而言，拉丁美洲人成年之後與父母同住的狀況比較普遍（在墨西哥為百分之三十九；在美國為百分之十）；家庭成員會協助照顧小孩（墨西哥有百分之八十；美國有百分之四十六）；而且在調查中，拉丁美洲的受訪者在過去四週內探訪過上一代的男性或女性長輩至少兩次（巴西有百分之二十三；澳洲有百分之四）。他們也在過去四週內見過表親至少兩次（巴西有百分之二十九；英國有百分之九），探訪姪子或姪女的頻率則大約是兩倍（巴西有百分之五十；芬蘭有百分之十四）。此外，拉丁美洲人每天都會和摯友見面，或是至少每週數次（巴西為百分之六十五；丹麥為百分之十八）。

所以，緊密的人際關係和家庭情感就是快樂的秘訣嗎？難道這些連結就足以保護我們不受外界殘酷現實的影響，如貧窮、犯罪和貪腐？

也許，但答案沒這麼簡單。

相對於拉丁美洲，在東歐的前共產國家可以觀察到另一種相當不一樣的模式。考量到這些國家的客觀條件，國民的平均快樂程度**低**得不合理。[93]例如在二〇〇〇年代，介於八成到九成五的西歐民眾自認生活既快樂又滿足，然而在大部分的東歐前共產國家，僅有少數人有同感（舉例來說，保加利亞僅有三成八，塞爾維亞僅有四成三）。波蘭作家維特多．沙博爾夫斯基（Witold Szab owski）曾試著用保加利亞熊的故事來解釋這種現象。[94]

二〇〇七年六月十四日，保加利亞最後一隻會跳舞的熊米修（Misho），被主人五歲的孫子迪米特．史坦內夫（Dimitar Stanev）哄進籠裡，這隻高達一百八十公分的熊緩緩地邊嗅聞邊走進籠子，因為疑惑和不太敏銳的警覺心而搖頭晃腦，最後躺在對著牠又摸又喃喃細語的小男孩身旁。他們身後的閘門喀嚓一聲關上，旁觀的人低聲要男孩從對面還未拴上的門離開籠子，但小男孩拒絕，繼續像野獸一樣躺在大熊的身旁。最後，在家人不停顫抖、驚慌失措的哀求下，小男孩屈服了，他輕鬆穿過閘門之後，門隨即在他身後安全地關上。

在歐盟遙遠的角落，自中世紀以來訓練熊跳舞的傳統宣告終結。米修和其他重獲自由的熊一起被送到跳舞熊公園（Dancing Bears Park），位於保加利亞首都索菲亞（Sofia）的南部。在公園裡，熊要自行覓食、冬眠並重拾舊有的本能，但是讓解放牠們的人感到沮喪的是，熊進入這種相對自由的狀態一段時間後，又再次開始跳舞。牠們會對人類的聲音或特定的香水氣味產生反應，因此被訓練出來的行為又再次出現。

一九八九年柏林圍牆倒塌後，東歐脫離威權共產主義並重獲自由，而沙博爾夫斯基認為東歐人對這段經歷的反應和熊的事件有異曲同工之妙。沙博爾夫斯基於二〇一八年出版著作《跳舞的熊》（*Dancing Bears: True stories of people nostalgic for life under* 暴政），他在書中指出許多屬於前蘇聯集團的人民對於暴政抱持著緬懷之意，和熊再度跳舞的行為沒有兩樣，他也認為這和波蘭、匈牙利、俄羅斯等國家的獨裁領袖得勢有關。

如果你終其一生都遭到國家高度控制的束縛，沒有選擇的自由，那麼就可以預期人生會舒適而安穩，即便你並不會因此感到快樂。在缺乏抉擇經驗的情況下，突然獲得「自由」可能會引發極大的焦慮感，尤其是缺乏教育和信心而難以善用自由的人。沙博爾夫斯基筆下的人民緬懷暴政，可能有部分是出自對可預測性的渴望，對於這些缺乏抉擇經驗和技能的人來說，這有助於減緩焦慮感。緩解焦慮感可以立即在大腦內產生獎勵效果，因此強化獨裁領袖對民眾的情緒感染。

破除富裕和快樂之間強烈關聯的兩個例外——快樂的拉丁民族和陰鬱的東歐人，背後可能的成因是什麼？還有更重要的，我們可以從中瞭解信心的什麼特性？

快樂的大腦

請拿出你的手機，然後開啟相片應用程式，滑到會讓你感到溫暖的親近對象的相片。花點時間看著這張相片，讓關於這個人的溫馨回憶、感受和思緒浮現在腦中。仔細觀察自己的感受；注意那油然而生的愉悅感。這種感受是從大腦深處腹側紋狀體（ventral striatum）周遭區塊的網絡湧出，而眾所皆知的神經傳導物質多巴胺就是這個情緒迴路中的重要「燃料」。你看著相片時所感受到的愉悅感，既是多巴胺釋放的原因也是結果。[95]

在整個大腦中，我們只有一個像這樣的「好心情」中樞，但我們繁忙的生活全都圍繞著這個區塊，好心情中樞的起伏波動取決於我們做了什麼、想了什麼以及渴望什麼。好心情網絡的活動起伏難道只是短暫代表一時的愉悅，和我們長期的快樂及幸福完全無關嗎？不，越是幸福和快樂，情緒迴路中的多巴胺活動程度就越高。[96]這不只是幾分鐘或幾小時的現象，而是可以延續數天、數月和數年。

這種和愉悅感有關的大腦活動是天然的抗憂鬱劑，而想當然，憂鬱的人在這方面的大腦活動程度遠低得多。[97]同樣值得一提的是，多巴胺驅動的愉悅活動可以大幅降低人體分泌的壓力荷爾蒙皮質醇（cortisol）。[98]還有就如我們先前討論到的，快樂會帶來信心，反之亦然。

這樣的現象並不令人意外，畢竟以上兩種心理狀態在大腦的獎賞網絡中有共同的基礎。以快樂—信心的共生現象而言，最為人所知也最極端的例子大概就屬古柯鹼對人體的影響了，攝取這種毒品之後，快樂和信心程度都會（暫時）飆高。[99]不過即使不用古柯鹼，神經學家也能經由以電力刺激獎賞網絡，來重現類似的心理狀態。[100]體育國家隊獲得關鍵勝利也會對數百萬人的心情和自信產生類似的效果，因為獲勝會刺激睪固酮（testosterone）這種荷爾蒙增加，進而提高支持者大腦中的多巴胺濃度，在一九九四年世足賽期間，猶他大學（University of Utah）的研究人員就從義大利對上巴西的決賽觀察到這一點。[101]

信心和快樂會彼此影響，並透過大腦的多巴胺獎賞系統相互強化。快樂又自信的人在各種領域都有比較理想的表現，同時也更具動力和韌性，這類人也因為皮質醇濃度較低，而更不會受壓力所苦。相對地，信心低落且快樂程度偏低的人則有偏高的皮質醇濃度。雖然在面對臨時緊急狀況時，皮質醇是讓我們可以度過危機的絕佳燃料，有助於調節身體對於壓力的反應，但是當高濃度的皮質醇長時間在人體內循環，卻可能造成嚴重的傷害。

這就是社經階層較高的個人之所以比階層較低的個人更少生病且更長壽的關鍵原因之一（其他眾多因素包括飲食和接觸污染）嗎？我們是否可以確認，社經地位偏低的族群大腦中的愉悅迴路真的活動較少？那麼我們又該如何解釋在拉丁美洲人身上觀察到的快樂程度，並沒有在東歐前共產國家的國民身上觀察到？

紐約和世界上大多數的大都會一樣，是富人和窮人共存的空間。這項特色在上西城（Upper West Side）尤其明顯，哥倫比亞大學（Columbia University）的精神醫學部（Department of Psychiatry）就坐落在此，在哈林區（Harlem）深處的西一六五街，貧民區和士紳區交錯混雜。二〇一〇年，精神醫學教授黛安娜．馬丁尼茲（Diana Martinez）和同事選定這一帶，並招募不同社經背景的自願受試者接受最新的正子斷層造影（positron emission tomography，PET）大腦掃描檢查，試圖觀察出大腦的愉悅中樞是否真的會反映出現實的經濟狀況。全球調查中所呈現的快樂和財富關聯性是否真的準確？馬丁尼茲想要知道答案。

她找到了明確的證據：人的社會地位越高，大腦愉悅中樞內的多巴胺分子接收站就越多。[102]

馬丁尼茲進一步詢問受試者，他們預期可以從家人、朋友和社群得到多少社會支持。如前文所提到的，拉丁美洲人緊密的家庭關係和友誼似乎可以提供健康的緩衝效果，來抗衡低收入造成的沮喪心理狀態。在紐約人的大腦也能觀察到這個現象，社會支持對多巴胺受體量的提升效果和社經地位相似。

我們都知道，信心和快樂會在大腦中相互影響，而且兩者都可以降低焦慮感。有嚴重社交焦慮的人在針對自身問題接受認知行為療法後，腦內的多巴胺活動會穩定增加。而隨著這類人的焦慮感降低，並且對於身處社交情境更加有信心，多巴胺活動也會更活躍。[103]

既然信心可以帶來優勢，而優勢又會帶來更多信心並且不斷循環下去，那麼如果可以的話，我們該如何運用這一點？出生時決定的地位對於我們的快樂和信心造成了種種影響，難道這就是無可避免的現實嗎？再想想保加利亞熊的故事，在快樂－信心研究的背後，還有沒有更深層的啟示，也許會有助於解答這個問題？

人最終極的需求

一九八九年十一月九日，一名男性縮著身子穿上厚重的灰色大衣，臀部掛了一把手槍，鴨舌帽帽簷拉低到快要遮住雙眼，他擺出架式面對一大群高喊口號、搖擺不定的同胞。這位男性是四十六歲的邊境衛兵哈拉德．傑格（Harald Jäger），他只希望自己在柏林博恩霍姆大街（Bornholmer Strasse）邊境通道的夜晚值勤可以快點結束。傑格原本只要負責管理三十名衛兵和三處邊境通道，但他的世界很快就要變得有點瘋狂。事情發生在當天晚上大約七點，就在他和同袍穿上厚重外套和檢查槍枝時。

東德政府官員君特．夏波夫斯基（Günter Schabowski）出現在衛兵室充滿顆粒感的電視螢幕上，他以東德典型的平板乏味語調頒布針對東德國民的新旅遊法規。哈拉德的雙眼緊盯螢幕，無法相信自己剛剛聽到的話，夏波夫斯基宣布東德邊境即刻開放，他在演說結束時流露出幾乎是不在意的態度。哈拉德震驚不已，突然間世界在他眼前扭曲成一團混亂。「接下來事情就發生了，就連在最可怕的惡夢裡我也沒想過會這樣。」他對德新社（Deutsche Press-Agentur）的記者表示。

起初，在他負責的邊境檢查站只有零星的東德民眾，但每一分鐘過去，都有越來越多人聚集，人數很快從數百人變成數千人。「他們大聲喊著：『打開大門！』」哈拉德說道。

「我們和人群只有一個手臂的距離，我們和他們之間只隔了一道關閉的邊境大門。」他這麼告訴記者，並且表示大規模恐慌是他最害怕的結果。他很清楚自己和同袍已經無法控制眼前的情勢，他不斷嘗試打電話給上級來確認指令。「但是在高層，混亂程度和我們差不了多少。」

大約在晚間九點四十分，哈拉德終於收到指令：他和同袍可以讓群情激昂的民眾通過大門，但是必須禁止他們再從大門回來。這個試圖緩解群眾壓力的措施最後以失敗告終。

哈拉德向德新社記者重述當晚十一點二十分的狀況：「所以我下令打開邊境大門，讓所有人都可以不用檢查文件就離開。」那天晚上，大約有兩萬五千人跨過圍牆湧進西柏林。[104]

「起初，我覺得內心有一股很深的空虛感，我好像再也不認識這個世界了。」他在事件二十週年的訪談中告訴記者。

哈拉德覺得自己再也不認識這個世界是自然不過的事，畢竟德意志民主共和國（German Democratic Republic）在一九四九年十月七日成立當時，哈拉德才六歲。他剛開始在東德新訂定的教育政策之下接受教育，剛入學時，一天有好幾場叫做課堂集會的會議，老師會在這個場合公開告訴學童他們的學業表現有多好或多糟。這樣的學習環境相當艱困，因為新上任的共產政權嚴格控制固定課綱的教學內容和步調，這表示學習速度比同儕慢的孩子會得到越來越多負面且公開的學業表現評價。

部分的東德學校還有一種叫做學習研討會（learning conference）的會議，學生必須站在全班面前自我評價，比較落後的學生被迫公開坦承自己表現較差，還要說明自己會如何改進。

對於哈拉德和其他學童來說，這種無情的審查並沒有在離開學校後結束。學生不僅被迫在同學面前承認自己學業表現差勁，還得聽老師公開評價自己。學生也必須在各種場合經歷類似流程，包括家長與老師的面談、課後的青年組織，甚至是家長的工作場所。家長必須在同事面前「坦白」，為何自己孩子表現不如其他同儕。

這樣的教育目標是為了形塑出「均衡發展的社會主義個人特質」，說到底，就是要把孩童訓練成能夠精準地自我評價，而且是持續且公開地這麼做。[105]從現實的角度來看，這代表學童必須要遵照老師的評價；換言之，深植在哈拉德大腦中的，是外界針對他的特質和能力所給予的所謂客觀評價。因此學童沒有多少空間能作自我提升的美夢，或是產生「不切實際」的野心，而要有這種心理餘裕，信心才能發揮燃料添加劑的作用。

共產政權消滅了信心所需的心理彈性空間，讓好幾個世代的國民陷入比其他國家人民更不快樂也更不圓滿的生活。

不過，並不是所有學童都在心理上屈服於這個政權。一九八九年十一月柏林圍牆倒塌後不過數週，研究學者馬提亞斯．耶路撒冷（Mathias Jerusalem）就找到了證據。他的團隊找到一百二十四位剛從東德入境西德的十八至三十歲男女，並且觀察他們在接下來兩年試圖建立新生活的進展。[106]

不出所料，許多人難以適應西德的生活，從跳舞熊的例子就可以預期會有這樣的狀況發生。然而，有些人確實過得比其他人好，於是研究人員想要知道箇中原因。隨著這些觀察對象開始找工作和住處，可以明顯看出有伴侶的個人過得比較好，他們自覺比較健康和比較不焦慮，對於未來展望也更為樂觀，並且傾向認為新生活是一種挑戰，而不是威脅。同樣不令人意外的是，成功找到工作的個人在這些方面的表現也比較理想。不過，除了工作和親密關係之外，還有一項因素對這些人的健康、焦慮感和樂觀程度造成巨大影響：控制感。

在史達林主義政權下長大的年輕男女，如果有辦法避免屈服於政府駭人的心智控制——也許是因為家庭背景或其他因素——會比無法做到的同儕明顯更健康和快樂。不論個人是否有親密關係或工作，這一點都適用。覺得自己握有人生的控制權，會轉化成「可以做到」的信心，讓人感覺到有自主能力。舉例來說，他們比較可能會同意以下的說法：**不論遇到什麼狀況，我通常都可以處理**；或是**即使面對困難，我也可以保持冷靜，因為我相信自己有應對能力**。

在這項為期兩年的研究中，上述的信心讓觀察對象無論面對什麼情況，都相對比較健康和快樂。話雖如此，還是有個例外：如果觀察對象在一九九一年之前成功找到工作和伴侶，那麼單是這些因素就足以讓他們更快樂和健康。換句話說，如果生活過得順利，觀察對象就不需要召喚信心來幫助自己撐過比較艱難的時刻。

控制感這種足以擊敗宿命論的信心可以左右人的命運，而且這樣的心理緩衝機制能夠抵禦各式各樣外界壓力。難道東歐人——他們非常缺乏這種緩衝機制——和拉丁美洲民族之間的快樂差距就是因為如此嗎？後者的控制感是源自他們對緊密交織、團結一心的家庭和社群網路有歸屬感嗎？

有大量研究顯示，控制感確實可以有助於緩衝生活中的壓力。[107]一九九九年，麻州布蘭迪斯大學（Brandeis University）的瑪吉．拉赫曼（Margie Lachman）和蘇珊娜．威佛（Suzanne Weaver）從針對將近六千人的長期性研究中爬梳資料，其中記錄了這些四十多歲觀察對象在過去幾年的健康和快樂程度。和過去的許多研究者一樣，拉赫曼和威佛發現，社經地位、健康和快樂之間都有緊密的關聯性。個人的社會階層越往下，就越容易感到憂鬱、對生活不滿，以及健康狀況不佳。然而這只是部分現象而已，有一組低收入的個人過著十分開心和滿意的生活，而且自評的健康程度和最富有的組別相同。這些人的共同點就是不認同下列的說法：**我沒辦法控制發生在自己身上的事**。看來控制感確實可以破除貧窮對心理健康的箝制。

自覺握有控制權就表示你相信自己可以採取行動，而且行動會發揮影響力，這就是信心。

從這個角度而言，東歐人的快樂落差就比較容易理解了。由於缺乏控制感以及隨之而來的信心，個人面對難以捉摸的經濟、政治、貪腐和社會勢力，會覺得毫無招架之力。相對來說，現代國家幾乎不會像東歐共產政權一樣試圖消滅個人的控制感，畢竟這是讓人感到快樂和自信的一大關鍵。共產政權的政策導致數千萬人必須在心理層面毫無抵禦能力的情況下，面對壓力、經濟變動以及世界的變化莫測。少了控制感的關鍵緩衝作用，這些人的快樂和信心根本沒有發展的機會。

因此，如果小孩出生在比較不幸的環境中，至少會有一種逃生路線可以避開經濟命運的摧殘。當小孩覺得對於自己的能力和／或環境有些許的控制權，就可以善用這個添加劑在學校發揮更好的表現，不論家庭背景、家長期望或社會歷史。

多項國際研究分別提出的結論都顯示，如果要部分降低經濟弱勢對成年後的人生所造成的影響，早期教育計畫的效果特別顯著。[109]這類計畫的要素之一，就是提升學童的信心。[110]

對控制權的需求是我們最基本的驅力之一；當你要求動物從兩件獎勵相同的事情中擇一去做，動物會選擇其中多少有牽涉到抉擇的行動，即使兩種行動的報酬都一樣。對於人類來說，有選擇的感覺特別良好。里茲大學（University of Leeds）的研究人員證實，在選擇要去哪一家夜店或是挑選哪一家銀行時，受試者會偏好「選擇有選擇的情況」而不是沒有選擇的情境。即使選擇對於產品或體驗的品質沒有任何影響，受試者還是寧可進行選擇（因此獲得某種形式的控制權）。[111]想要做選擇的渴望以及由此感受到對自身生活的控制權，已經深深烙印在大腦中。這就是為什麼行使控制權會觸發由多巴胺連結的獎賞網絡，和快樂的效果一模一樣。[112]

信心利用的正是大腦對控制根深柢固的需求，因為你會因此相信自己可以做到某件事，而且能夠對世界造成影響，這就是控制的核心概念。對控制的需求並不是富裕階級或特定文化獨有的特徵，而是舉世皆然的現象，每年在一百多個國家訪問數千人的「世界價值觀調查」（World Values Survey）就證實了這一點。

這項調查的其中一個問題是：**你對於自己可以選擇要過什麼生活的自由程度是否滿意？**

綜觀全世界，如果受訪者對這一題的答案滿意，平均而言會呈現較高度的正面情緒和較低度的負面情緒。[113]就如我們在第三章所討論到的，覺得自己握有控制權是產生信心的關鍵要素，因此控制－信心－快樂會彼此強化也就不令人意外了。

這種心理狀態金三角也有助於經濟成長；[114]伊利諾大學（University of Illinois）的研究人員發現，覺得對自己的生活有控制權而感到快樂、自信的人，會願意冒更多投資風險，而且個人的快樂程度可以用於預測財富，不論社經地位是高是低。[115]

在全世界都一樣，對於自己的生活有些許控制權而產生的信心，可以用於推斷出個人的生活滿意度，而且準確度高於健康、工作、財富、婚姻狀態或宗教。[116]這個現象不僅出現在一國之內，國與國之間也是如此。[117]如果要逃離弱勢環境和追求更理想的生活機會，信心橋梁的兩個跨度缺一不可：「可以做到」和「可以實現」。兩者都具備之後，所形成的信心可以明確預測出個人將來的表現，[118]甚至還可以預測整體的經濟，我們會在本書後段討論到這個主題。

當然，只是相信自己有控制權並不會自動改變人的處境，但確實可以改變長期的願景。拉丁美洲人並不會因為有控制感，就能改變犯罪的猖狂程度或經濟不平等，不過當他們在社群內產生控制感，對他們的快樂程度就會有正面影響，進而提升信心程度。

如果覺得自己握有控制權會讓我更快樂，我要怎麼知道自己快不快樂？

悶悶不樂的銀牌得主

事實上，我對自己多有錢的主觀判斷，也是預測快樂程度和壽命的重要因子，不論客觀而言我到底是多富有或多貧窮。[119]類似的現象也出現在我對自身健康的主觀判斷，對比客觀的生理健康狀態。[120]

杜克大學（Duke University）和倫敦國王學院（King's College London）在二〇二〇年針對超過二千對英國雙胞胎的研究證實了這一點，研究中的雙胞胎來自各式各樣的背景，從英國最富裕到最弱勢的地區都有。在他們十八歲時，研究人員針對他們的工作、教育、用藥和犯罪紀錄以及憂鬱、焦慮和樂觀程度進行評估。接著研究人員向這些出身迥異的雙胞胎提問，如果和其他的英國人比較，他們會把自己放在社會地位的哪一個「階層」。

值得注意的是，在這些成人雙胞胎之中，如果有一方自認社會地位比自己的雙胞胎低，在上述的所有指標都面臨比較嚴重的問題，不論是犯罪、教育還是心理健康層面。即使客觀而言，雙胞胎兩人的社經地位、智商和其他變數都很接近，以上的現象還是存在。還有另一個重點是，雙胞胎十二歲時並沒有這樣的現象，由此可知雙胞胎之間不存在先天上的差異。[121]

所以，想必是青春期發生了一些事，導致雙胞胎的其中一方**覺得**自己的社會地位低於手足。一旦這種感受出現，他們的行為、心理健康、教育、工作和樂觀程度都會因此被拖累。

奧運獎牌得主對獲勝的反應，是否可以幫助我們瞭解這種主觀想法對身心健康的深遠影響？研究顯示平均而言，銀牌得主對於自身成就的滿意度不及金牌得主，這樣的發現並不令人意外，但值得注意的是，銀牌得主甚至比他們擊敗的銅牌得主更不快樂。[122]

之所以有這樣的狀況，是因為人的快樂程度取決於比較對象。銀牌得主通常會「著眼高處」——**只要再快一點，說不定就是金牌了**；銅牌得主則傾向於「著眼低處」和覺得鬆一口氣——**好險，我有撈到一面獎牌，差一點就站不上頒獎台**

了。而斷定自己有多富裕或貧窮，甚至是有多快樂，也是相同的道理。基本上，人人都有自己的標準，完全取決於自己選擇比較的對象。

我們可以透過磁振造影（ＭＲＩ）觀察這種社會比較造成的影響；克勞斯．弗利斯巴赫（Klaus Fliessbach）和波昂大學（University of Bonn）的團隊就是用這個方法證明大腦的獎賞網絡是如何參與其中。我們的獎賞系統不只有在我們自己得到獎勵時啟動，對於其他人得到的東西甚至反應會更強烈。[123]在弗利斯巴赫的研究中，受試者兩兩一組躺進相鄰的fMRI掃描儀，然後開始玩簡單的遊戲，也就是快速決定螢幕上有多少個點——最重要的是，他們答對後可以拿到報酬。

贏錢確實會提升獎賞網絡中關鍵區塊——腹側紋狀體——的活躍程度，但是如果在某些回合，身邊的受試者和你一樣答對問題，卻拿到比較多獎勵呢？畢竟你還是有拿到獎勵，所以腹側紋狀體應該還是有活動吧？確實如此，但是活躍程度卻低了非常多，因為相較於另一個人，你贏得比較少。同樣地，你覺得自己是富是窮、是順遂還是潦倒的認知，也都是取決於你比較的對象。

目前為止，我們已經得知信心源自成功、高社經地位和快樂。自覺握有控制權以及與他人比較時占優勢，則都會明顯影響以上這些出現在我們生活中的關鍵變數。不過，形塑信心的因子可不只如此。

5

在失敗時保有信心

二〇〇九年十一月二十七日大清早，一台運動型多功能休旅車從佛羅里達州（Florida）一處住家的車道急駛而出，拐進鄰居的草皮並撞上一棵樹後，又猛力衝向消防栓，最後在一陣金屬猛烈撞擊聲中停下。警方抵達現場時，發現駕駛無意識地躺在街上。[124]

二〇一七年八月十七日，警方又發現了同一位男性，同樣處於無意識狀態，這次他坐在隨便亂停又滿是刮痕的賓士駕駛座上。血液檢測顯示他的體內有五種不同的藥物，[125]包括四氫大麻酚（THC，大麻的主要成分）、兩種安眠藥和兩種強力止痛藥。警方提供的嫌犯大頭照中，是一名眼皮下垂、滿臉鬍碴的男子，充滿血絲的雙眼無神地盯著鏡頭。他因為輕率駕駛而被判有罪。

第一次車禍發生時，老虎伍茲是史上最成功的高爾夫球選手，在一九九八到二〇〇九年間，十二年之中有十一年的排名高居世界第一。然而，歷經車禍之後，他的私人生活和職業生涯雙雙陷入困境。妻子以他連續外遇為由訴請離婚，而他在高爾夫球界的地位也從二〇〇九年的第一名，跌落到二〇一七年的第一千一百九十九名。為了治療背部問題進行多次手術導致他患有慢性疼痛，有時候會不良於行到幾乎無法和他年幼的孩子一起玩。

接著在二〇一九年四月十四日，不可思議的事情發生了：小白球輕輕地落入第十八洞，讓老虎伍茲贏下二〇一九年的美國名人賽（Masters Championship）冠軍。他的排名上升到世界第五，這對九年來在運動賽場和私人領域都一敗塗地的他來說有如一次奇蹟的重生。[126]他怎麼做到的？他究竟運用了什麼內在資源，讓自己再度登上高爾夫球界的巔峰？

根據班戈大學（Bangor University）二〇一七年的研究，相較於一般的菁英運動員，超級菁英的選手很早就體驗到運動場上的勝利滋味，這種「奠定基礎」的成功經驗讓他們年紀輕輕就充滿自信，像是老虎伍茲十五歲時就成為美國青少年業餘錦標賽（US Junior Amateur Golf Championship）最年輕的冠軍。不過，區分超級菁英和菁英運動員還需要第二種要素：所有的超級菁英在很年輕時就遭遇不幸。例如，父母以難堪的方式離異、家庭中有其他的嚴重人際問題，或是曾經遭到霸凌且無人陪伴。[127]然而，在這些負面經驗之後，又發生了「扭轉職涯」的事件，促使他們專注在專業運動上並且成為他們的動力。這類事件的例子包括獲選為代表隊，或是因為見到奧運獎牌得主而受到啟發。

二〇一五年老虎伍茲陷入低谷的那段時間，一位有嚴重口吃的十六歲男孩的父母聯絡他，這個孩子因為遭到霸凌和孤立而試圖自殺。伍茲寫了一封信給男孩，首次透露他也曾經因為口吃而飽受孤獨和霸凌之苦。[128]也就是說，他在年輕時就遭遇了造成巨大影響的負面經驗。

為什麼痛苦的早期人生經驗這麼常發生在超級菁英運動員身上，而這樣的經驗又為什麼好像成了他們的助力？

「多希望有人早點告訴我，感到焦慮是很正常的事。」

以上這段話是出自以童星出道且後來成為作家的瑪拉．威爾森（Mara Elizabeth Wilson），她指的是自己在兒童及青少年時期感受到的焦慮。這位年紀輕輕就極為成功的女性演出過許多角色，包括《小魔女》（*Matilda*）的瑪蒂達．沃姆伍德（Matilda Wormwood），以及獲獎的《窈窕奶爸》（*Mr.s Doubtfire*）中的娜塔莉．希拉德（Natalie Hillard），卻很容易陷入最足以代表二十一世紀的小病痛：焦慮。這個問題從她在一九九六年拍完《小魔女》後萌芽，那年她九歲，遭逢母親罹癌過世。在此之後，她多年來飽受焦慮和其他問題所苦，所以她希望有人早點告訴自己：「感到焦慮是很正常的事。」[129]

不過她這句話究竟是什麼意思？如果瑪拉和其他數百萬深受焦慮之苦的人覺

得「感到焦慮是很正常的事」，這會有什麼樣的意義？為什麼這對他們有幫助？抱持以上的信念意味著幾件事：首先，這表示感到焦慮並不危險——不會有任何壞事因此發生；第二，這表示焦慮感並非永久的現象——焦慮感不會永遠持續下去；以及第三，焦慮能讓人與恐懼保持距離，有助於你把恐懼看成外在且暫時的現象，就像總會過去的病毒一樣。

超菁英等級的運動其實是一種高風險的行為，可能必須要面對失敗、自我懷疑和運動傷害，當然也可能獲得轟轟烈烈的成功和讚譽。像老虎伍茲這樣的頂尖高手參加的都是高壓賽事，自然無法避免劇烈的情緒起伏，但是當超級菁英選手已經走出痛苦的早期生命經驗，表示他們早已承受過這類情緒的壞處。他們已經體會到，儘管負面情緒令人痛苦和不悅，卻只是一時、可以控制的狀態，並不能定義自己是誰。

瑪拉．威爾森的那段話談的其實是對恐懼的恐懼；她的意思是，如果你消除對情緒的恐懼，剩下的情緒雖然令人不悅和不適，卻是屬於可以控制的範圍。小時候遭到霸凌會讓大部分的人感到焦慮和悲慘，不過假設這時有好事發生在你身上，例如崇拜的對象稱讚你，或是你贏了一場比賽呢？正面的經驗會在人類大腦中釋放化學傳訊者（chemical messenger），也就是能夠振奮心情、消除焦慮、強化動機的天然藥物：多巴胺。伍茲在高爾夫球場上的成就平衡了他在學校的悲慘遭遇，而且在過程中，他學到了三件事。

焦慮感只是他本人的一小部分；否則他在高爾夫球場上還是會緊張，但他沒有。焦慮感會過去，而且可以透過行動控制。

在瑪拉・威爾森的例子中，單是說出自己感到焦慮，就可以像捕魚一樣抓住焦慮感。這個生物並不是她的一部分，而是存在於她之外，是可以明確定義和改變的東西，因此也就沒那麼可怕。所以沒錯，成功奠定了信心的基礎，但如果你曾經歷過焦慮和憂鬱的痛苦時期，成功的效果會加倍。成功會按下人類大腦中的快樂按鈕，去除恐懼並提振心情，也有助於我們理解關於負面情緒的三大啟示，就像老虎伍茲一樣。

史丹佛大學的研究學者亞伯特・班度拉（Albert Bandura）認為，老虎伍茲所擁有的經歷是個人信心最強大的來源。知道自己曾經挺過——克服——痛苦或艱難的經驗，足以帶來幾乎無可比擬的增長自信效果。[130]

大威廉絲在十歲前都住在康普頓（Compton），這個位在洛杉磯南部的貧窮城市到處充斥著幫派。[131]根據《紐約時報雜誌》（*New York Times Magazine*）二〇一二年的文章和對威廉絲姊妹的採訪，她和妹妹小威廉絲很早就知道，在社區聽到槍聲要立刻平躺在公共網球場。小威廉絲記得七歲那年練球時，白人小孩不習慣看到非白人打網球，於是跑到她們姊妹面前大喊「臭黑人」（blacky）。二〇〇三年，威廉絲姊妹同母異父並身兼兩人助理的大姊，在康普頓遭到謀殺。

由此看來，大威廉絲符合信心經過逆境淬煉的模式，不過這其中還有另一個重要因子：她的父親，他對兩姊妹未來的網球成就抱持著無比的信心。「首先你要有信念，接著才開始訓練。」大威廉絲對《紐約時報雜誌》的採訪記者這麼說，而她的信念就是源自父親理察·威廉絲（Richard Williams）。

他對兩姊妹堅定不搖的信心以及全心的投入和指導，想必已經深植在大威廉絲和小威廉絲的心中，甚至像是一種內在信仰。

研究顯示，對父母一方或雙方有穩固且安全的依附情感的小孩，長大後會較有自信，尤其是與其他人建立關係時。[132]稱職的家長會激發信心，因此他們的小孩會覺得信心就在身旁，而不是遙不可及。然而，有些成功的家長會有意識或無意識地希望他人仰慕自己的成就，他們可能會散發出一種「我很特殊」的自戀氛圍，導致孩子覺得自己永遠也比不上他們。相較之下，這種觀念會對小孩的自信造成嚴重的打擊。

即使家長和小孩之間的關係很溫馨，還是有可能造成這種反效果。當教養的重心是放在排名，而不是個人相較於過去的進步程度，小孩的自信就很有可能被破壞殆盡。[133]總是緊盯著其他人的表現，等於是在讓小孩養成害怕失敗的習慣，而我們接下來會討論到，害怕失敗是培養自信過程中的一大阻礙。

家長和指導者——還有朋友、手足、同事或上司——也可以試著透過說服來建立一個人的信心。「加油，你做得到！」視雙方的關係而定，這樣的話語也許能鼓勵孩子嘗試原本不會去做的事。伍迪・艾倫的那句名言「百分之八十的成功都是只要現身就夠了」大致上沒錯，因為單是有所作為，就能讓人產生成就感，感覺就像成功一樣。

如果說採取行動是累積信心的關鍵，這也難怪容易感到焦慮的人通常比較缺乏自信。逃避導致這類人無法獲得每日一點小成就所帶來的信心累積效果，而這一點其實對大腦有天然的抗焦慮和抗憂鬱效果。

焦慮是我們從本能感覺到的狀態，而且會影養我們所作的決定。**要這樣做嗎？不這樣做嗎？**這種感覺非常強烈且難以抗拒，通常會凌駕於理性思維之上，例如**我沒有理由做不到這件事**；也通常會壓過家人、朋友或同事的勸進之詞——**沒問題的，你也知道自己一定可以**。也許理性而言，你知道自己可以做到，但是當你的腹部一陣翻騰、心跳飛快、因為恐懼而全身冒汗，這些強烈的感受通常會勝出。

這些感受誘使你相信，只要踏入眼前的未知領域，危險和失敗就在等著你。

簡而言之，我們的直覺可以有效地對信心發號施令，但是直覺值得信任嗎？

相信自己的直覺

一九九八年，我決定離開劍橋大學的純研究終身職位，接下都柏林三一學院的另一個終身職位。我這麼做是出於直覺地認為這是正確的行動，而經過二十年後，事實證明的確是如此。當我比較自己是如何作出重大抉擇和決定小事情，例如假日要去哪裡，或是要買哪一款電腦，發現兩者簡直天差地遠。這類小決定會讓我陷入長考，苦思其中的代價和益處，而完全相反的是，對於重大抉擇的滿滿信心則是從體內深處油然而生。

所以，難道信心是從肚子產生？就某個角度而言，確實是如此。你在做出二選一的決定時，不只有理性大腦會透露你是否作出了正確的決定，你也會對眼前的狀況產生情緒反應——正確的話會感到愉悅，錯誤的話則會感到痛苦。焦慮感的顯露方式可能會是腹部緊縮和絞痛，肌肉會開始緊繃，尤其是頸部和肩膀，還有呼吸也會變得急促。

大腦會持續追蹤過去的決定所引發的結果，但是大腦可不只會在認知層次把結果分為好或壞，然後像無趣的稽核紀錄一樣儲存起來。大腦還會以記憶的形式，儲存不同類型抉擇相關聯的生理感受，這項作業會在雙眼正上方和後方的大腦區塊進行，也就是所謂的腹內側前額葉皮質（ventromedial prefrontal cortex）。

接著在大腦的另一區塊腦島皮質中，這些記憶會組織並繪製內在感受的地圖，用來主導你每時每刻體驗到的生理感受模式。134

我記得第一次參加國際研討會時自己還是一臉青澀的研究生，苦思著是否該向知名的講者提問。我還記得那種掙扎要不要這樣做的焦慮感，是否該在數百人面前站起來，冒著可能出糗的風險。最後，我鼓起勇氣提出問題，雖然沒有讓我顯得像是被埋沒的天才，但至少有得到講者的悉心回答。

我記得坐下的那瞬間，感覺到一陣如釋重負和略帶緊張的滿足感竄過我的肌肉、肺部和腹部。當然，這些感覺稍縱即逝，於是我把作苦思決定的過程和結果全都忘了。然而沒過多久，在另一場研討會上，我又想要提問了，這次我沒有那麼掙扎，而是作足心理準備拿起麥克風，再度冒著暴露自己無知的風險。這次的過程比較容易，因為我的大腦已經存有上次事件的情緒結果，而且是正面的結果，因此，當我在猶豫要不要採取行動的決定，連結到前一次結果的情緒就會重播，像重複的樂句一樣呈現生理感受，而對我來說這是正面──也許帶點緊張──的直覺，我第二次提問時的信心就是從這裡而來。

每一次有新的研討會，在眾人面前發言的直覺記憶就會變得更鮮明，而且會一直持續下去，直到我想表達論點或提問時已經不再需要作決定。每當我想要發言，大腦就會重播體內那首旋律貫穿我的信心的主題曲，這種情境讓我學會了抱有信心。

當然，直覺也有可能會把信心推往相反的方向。如果當初我把問題說得含糊不清，或是因為對方的反應而感到受辱，我的大腦播放的就會是不和諧的生理感受旋律，並衍生出「不，你做不到」的直覺。這樣的情況發生幾次之後，不採取行動的決定以及隨之而來的信心削弱效果，就會漸漸成為我的預設選項。

決定離開劍橋大學對我來說想必是個容易的決定，因為我的大腦在體內重播我在過去所作的重大抉擇的主題曲。而由於大致上來說，我的人生一直以來都頗為幸運，這些旋律相對而言都比較悅耳，因此讓我有信心跟隨這些聲音。不過我很清楚，如果自己的人生沒有那麼順遂，那就會是完全不一樣的狀況。我的直覺說不定是學會告訴我，要打安全牌而不要冒險改變，於是我越是這麼做，這種負面的直覺就越是主導我的人生抉擇。

難道這實際上又是繞回手感效應？成功的決定帶來成功的決定，信心純粹就只是人生中幸運機會累積而成的輸出結果。但其實沒那麼簡單，因為就如我們在超級菁英運動員身上所看到的例子，痛苦的人生經驗會強化成效果。還有就如瑪拉·威爾森略帶遺憾的事後之明，我們如何看待稱之為焦慮的生理感受，也會影響我們的信心。

和直覺對話

幾個月前的週六下午，我坐在家中，胃糾成一團，呼吸又急又淺，手掌不停冒汗。我的神經實在太過緊繃，簡直是坐立難安，因為不停感覺到一股躁動。到底是什麼讓我這麼焦慮？剛剛在都柏林的英傑華球場（Aviva Stadium），愛爾蘭國家橄欖球隊以十六比九擊敗了紐西蘭的黑衫軍，是這個世紀以來罕見的第二度。其實我根本就不焦慮，我是興奮難耐。

好的，問題來了。我興奮時的症狀和另一種情緒一模一樣，也就是焦慮，如果說兩種如此天差地遠的情緒有相同的生理感受，我要怎麼知道自己感覺到的是哪一種？這個問題比預期中的更難回答，因為我們只能從情境去判斷。在上述的例子中，我知道自己很興奮，因為我正在看球賽，而且我支持的隊伍贏了。而如果我身在突然在半空中傾斜的飛機上，身體應該也會體驗到相同的症狀，但代表的是焦慮感。

請再次聽聽老虎伍茲說了什麼：「我總是說，比賽時不緊張的那一天，就是我該放下球桿的那一天。」伍茲說他需要感覺到緊張——混合焦慮感和期待感——才能把球打好，而這背後可是有充分的科學原理。當你感到緊張，身體會指示心臟把更多血液運送到肌肉，好讓你做足準備採取行動。緊張會導致肌膚布滿汗水、呼吸加快，並且把消化的優先順序往後移，所以你會感覺到腸胃翻騰。此時大腦會製造更多一種叫做正腎上腺素（noradrenaline）的化學傳訊者，適量的正腎上腺素可以同步大腦功能，讓大腦表現得更好。但是當這種化學物質過多或過少，都會破壞大腦功能的同步，因此達到甜蜜點時你才能進入巔峰表現的狀態。

老虎伍茲需要進入這樣的狀態才能發揮最佳表現，但更重要的是，他以正面的角度看待這些感受——緊張是提升表現的催化劑，而不是障礙。

如果直覺會告訴我自己多有信心，這是不是代表直覺有可能會誤導我，並且破壞我的信心？是這樣沒錯。但我們並不是什麼也不想地聽從直覺，我們可以與其對話，透過重新調整思考方式，把一種情緒——焦慮——轉換成另一種情緒——興奮。老虎伍茲那番話的重點就在這裡，他把自己的直覺、擔憂詮釋成興奮，也就是一種正向、激勵的情緒。

這背後的科學原理顯而易見：和自己的直覺對話並且把焦慮感轉變為興奮感，是可行的做法。在第二章提到的研究中，受試者必須在公開場合進行難度極高的心算，研究人員請他們在開始前先大聲說出「我很焦慮」或「我很興奮」。說出後者的受試者不僅因為這句話而產生信心並有更好的算術表現，同時也和老虎伍茲一樣，正面詮釋了這些生理感受。他們將正腎上腺素的濃度降低到接近甜蜜點，來發揮最佳的心智表現。好表現會讓我們更有信心，因此我們會更願意再次嘗試，最終形成良性循環。

不過這時又有另一個問題出現了：如果人可以運用直覺來提升信心，為什麼有些人學會了這種做法，有些人卻沒有？

自我觀念

請花點時間想像一下自己可能即將會遇到壓力情境，也許是不得不面對的尷尬對話，或必須上台發表的簡報，又或是工作面試。現在閉上雙眼，試著「感受」

自己進入那樣的情況，彷彿你已經身在現場。透過想像這個場合的細節，你可能會感覺到自己的身體——尤其是內部——產生反應。

你注意到什麼樣的感覺？這些感受是在腹部嗎？心跳有沒有加快？或者也許你有感覺到頸部肌肉緊繃？把這些資訊記在腦中，接著問自己兩個問題：**壓力是不是有害，而且能避免就要避免？**以及：**壓力是不是可以讓我更有生產力和活力，為我帶來益處呢？**

如果你對第一題的答案為「不是」，而且對第二題的答案為「是」，那麼你的壓力理論就類似於老虎伍茲的心態。你認為有壓力是正面的感受，而且自己會因此表現和感覺更好。你的腎上腺會分泌更多人體中最重要的天然類固醇之一：硫酸脫氫表雄酮（dehydroepiandrosterone sulfate，DHEAS），這種物質對人體和大腦有多種正面效果，包括改善心情和提升心理韌性。[135]

既然正向看待壓力是一大優勢，那麼為什麼有這麼多人卻對壓力感到恐懼，導致他們的焦慮感惡化呢？或者，借用瑪拉．威爾森的說法，為什麼有些人認為感到焦慮是很正常的事，其他人卻不這麼想呢？也許這和我們是怎麼學會以比較全面的角度看待自己有關？史丹佛的心理醫師卡蘿．杜維克（Carol Dweck）發現，我們對自己的看法深深影響了我們的身心。[136] 她在著作《心態致勝》（*Mindset*）

中指出，如果我們對於自己的個性、智商或情緒狀態抱持著固有的觀念，那麼這些特質都會看似無法改變，彷彿是與生俱來，因此超出我們的控制範圍。

如果你的過去不乏成功經驗，用固有觀點看待自己可能會有助於形成信心。然而，這是一種脆弱的信心，因為任何挫折或失敗都會看起來像是推翻固有觀念的證據。定型心態之所以危險，是因為根據定義，不可能有任何方法能補救固定不變的能力——這已經超出你的控制範圍。相對地，如果抱持著成長心態，失敗只不過就是學習這個複雜多面向過程的一部分而已。你對自身能力的看法並不會因此受到威脅，因為還有改變的空間。

那麼個性和情緒呢？請思考一下，你覺得這兩種特質是否已經注定，而且會一輩子跟著你，或者至少有部分改變的機會，例如透過經驗、學習、典範或外在的協助？換句話說，你是用定型心態還是成長心態看待自己的個性和情緒呢？

青少年如果抱持著定型觀念，會難以面對在這個年齡層常見的社交團體排擠現象。由於他們對自己有固有的評價，任何拒絕都會被他們視為自己有問題的證據，他們會因此落入惡性循環，變得越來越容易退縮。杜維克的研究團隊在二〇一三年證實，這類青少年也比較不願意努力建立新友誼，所以他們容易變得更加孤立和不快樂。[137]

研究顯示，有些人會像年輕時的瑪拉．威爾森一樣，對焦慮感感到害怕，因為他們對自己抱持著定型觀念。他們認為這些負面感受是自己與生俱來的部分，已經固定且無法改變，所以他們會覺得自己沒有控制的能力。

請先問自己這個問題：**我有辦法改變自己的焦慮程度嗎？**接著再自問：**不管我做什麼，都無助於改善自己的焦慮傾向**。如果你對第一題的回答是「沒有」，第二題的回答是「對」，那麼你對於自己的焦慮感就是抱持著定型心態。抱持定型心態的人會比較難以面對造成壓力的人生事件，例如和伴侶分手或是失業。[138]像這樣的固有信念，會導致你遭受不斷重複的雙重打擊，因為你的直覺和身體會產生（一）你感到害怕的以及（二）你不認為自己有辦法控制的感覺。

生活中的壓力本身就已經夠難處理了，更何況還要承受這些看似陌生且無法控制的感受。然而，重點在於這些感受是可以控制的。不以定型心態看待自身焦慮感的人不會因此受制，也能用較理想的方式處理生活中的壓力；而且相較於抱著固有觀念的人，他們在需要且接受心理治療時，也會有較佳的成果。[139]畢竟，如果你認為自己的焦慮感固定不變且無法改變，就不太可能會聽取心理治療師對於如何管理感受的建議。

我的觀念從何而來？

我的老朋友有兩個孩子：一男一女，女兒叫做金，比哥哥小一歲半。哥哥總是在學校名列前茅，而且就這樣一路念進大學。妹妹的學業成績則沒有那麼亮眼，但也順利在競爭激烈的學校裡排進中段班。

我發現父母對女兒考試成績的反應很奇怪；如果金拿了B或C的成績，他們有時候會安慰她，並且說：「啊，沒關係，這也沒那麼糟。」但他們同時也會把她和哥哥的成績作比較，擔心她在學校的表現不夠好，當然是根據他們的標準。他們甚至會可憐她，並且對像我這樣的朋友說：「這孩子真可憐，她就是沒有哥哥那麼會念書。」

金的學業表現並不差，但一和哥哥得來不費工夫的優越成績比較，她就顯得黯淡無光，每一份成績單都讓她的平庸顯露無遺。儘管金一再被提醒自己不是最優秀的學生，她還是進入大學就讀，不過一年後就休學，進入律師事務所擔任文書職位。我認識的那個女孩聰明、迷人又風趣，我一直都無法理解為何她要離開大學，後來在職業生涯也沒有太多進展——直到我開始針對信心從何而來這個問題進行研究。

在她父母的眼中，每一次考試成績、每一份成績單都代表失敗，因為她的哥哥是比較基準。金大概也認為自己在學校的表現很失敗，導致她信心盡失，所以可想而知，這就是為什麼她沒辦法有亮眼的職業生涯嗎？確實有一部分是如此，但真正的原因沒那麼簡單。真正讓金有心理障礙的並不是她自以為的失敗本身，而是在她心中形成的心態：**我的能力已經無法改變了，所以我做什麼都沒用**。她把這樣的態度從學校帶進職場，那麼這種心態到底是從何而來？來自她失敗之後父母產生的反應，而父母的反應則是源於他們對失敗的普遍觀念。

如果你是家長，請想想看你會對下列的說法產生什麼樣的反應；如果你沒有小孩，也可以想想自己的家長可能會怎麼回應。

你可以把失敗變成人生中的正向力量。
歷經失敗有助於你發展和學習。
我認為歷經失敗可以幫助我表現得更好。
失敗會拖累我的學習和發展能力。
失敗導致我的生產力大幅降低。
應該要盡量避免失敗，因為失敗會對人造成負面影響。

如果你同意前三種說法，而且不同意後三種，那麼你就是以正面心態看待失敗，你的孩子也比較有可能以彈性的心態看待自身的情緒和能力。而如果你的反應正好相反，那麼你的孩子就比較有可能抱持著定型心態，而這種心態有可能會危及他們的信心和表現，就如同杜維克團隊的研究結果所示。[140]如果你是代替父母回答，可以思考看看他們的心態是如何形塑了你看待人生的方式。

以金的例子來說，父母把她的中段班成績視為失敗，他們對金缺乏成功經驗的恐懼深深烙印在她成長中的心智，導致她對自身能力有無法抹滅的定型觀念。這種觀念滲透的範圍不只限於學業，還蔓延到她對人際關係的自信、獨立性，還有最重要的——她的情緒。從青春期一直到青年時期，金都在接受焦慮和憂鬱的正規治療，醫師對於她人生中表面上的失敗也同樣抱持著負面看法，以藥物為主的療程反而更加鞏固了她固有且侵蝕信心的自我觀念。所幸，後來她終於遇到能夠引領她走出定型心態的臨床心理醫師，並因此意識到改變並非不可能的事。

金之所以缺乏信心，有一部分是源自她的雙親對於失敗的觀念。我們的信心有很大一部分是取決於我們身邊的人際關係，只要問問有經歷過手足競爭的人，就能清楚知道兄弟姊妹可能會怎麼強化或削弱一個人的信心。當然，父母在各種層面上也都會影響我們有信心的程度，包括他們對於失敗的看法。

在本書後半段，我們會再回頭談談金以及她如何學會建立信心的故事。

在下一章，我們要再次討論人際關係和信心的問題，包括牽涉到性別的議題。

失敗時的信心

信心固然是源於成功，也就是人生中的手感效應，但最穩固的信心卻是來自克服逆境和擁抱失敗。正面迎戰困境會帶給人提振信心的掌握感，而掌握感可以強化握有控制權的感受，並且沖淡認為情緒和能力無法改變的錯誤觀念。這就是為什麼自我觀念和對失敗的看法如此關鍵，會影響到個人是否能從成功克服困難中獲益。

畢竟，信心就是對於未來的信念——對於自己是否可以做到某件事，以及是否可以實現正面結果的信念。雖然自信看似是沒來由地出現，但通常是源於直覺。由於直覺就像是非常單純的野獸，不會區分興奮感和焦慮感，這表示我們其實可以正向操控這些感受，讓自己產生對的「直覺」。

信心對於人生來說是一種效果奇佳的燃料添加劑，而信心的重要合作夥伴則是控制感。如果我們不覺得自己握有控制權，就會沒那麼快樂和有信心。

成功也會令人更有信心和更快樂，包括社會階級賦予我們的各種等級的成就。成功會映射在人類大腦中，也就是獎賞網絡的深處，這裡有與多巴胺相關聯並形成快樂、信心和控制感的原始系統，而這個系統的活躍與否，取決於我們在家庭生活、職場生活以及在國家這個更大範圍所遭遇的種種。

不過，與家人、朋友及社群的緊密連結，再加上控制感，其實可以有效緩衝先天的社經條件原本會對個人的快樂和信心造成的衝擊性影響。有很多種（也許是大多數）人際關係都會受到權力和從權力衍生的支配地位左右，信心自然也會因此受影響。人類階層無所不在——從家庭到團隊，從社群到公司——身處較高階層的握有更多權力和控制權，當然也就更有信心。

只要是有一群人的地方，就或多或少有暗地爭奪支配地位的現象，也包括支配地位所賦予的心理和物質優勢。每一個家庭都會出現這類競爭，而且通常都不是太公平；年長的手足比弟妹更有優勢，因為他們至少有一段時間是體型較大且頭腦更好；男性在體型和體力上都比女性更占優勢，而且在許多文化中也被賦予較高地位。信心是相當珍貴的資源，像黃金一樣，而既然有如貴金屬，眾人當然就會群起爭奪、偷取、囤積和羨慕他人的囊中之物。

在這類鬥爭之中，最為複雜和粗暴的戰場就屬任何牽涉到性別的領域。

6

信心
破壞者

三十二歲的路易絲過著一帆風順的人生，她在科技公司內平步青雲，對於自己的交友圈和社交生活十分滿意，並深愛著同居七年的男友馬克。路易絲深信他很快就會求婚，她也知道公司有完善的育嬰假政策，因為先前接受公司的職位時，她就已經謹慎地確認過。

後來有一天，馬克告訴她，他要離開。

也許是巧合，但就在他提出分手的前一天，路易絲獲得升職的機會還有相應的調薪。馬克是公務人員，工作前景和薪資已經多年未見改善。當路易絲滿臉淚水地問他為何作出這樣的決定，他並沒有說這和她的事業有關；即便如此，路易絲還是直覺地認為這是一部分原因。

許多——並不是全部——男性很難接受伴侶比自己成功而且收入比自己高。馬克不善於表達，也不完全誠實，不過戴夫．皮特斯（Dave Peters）可就不是這樣了，這位來自底特律（Detroit）的四十九歲男性因為接受訪問而登上《Mel》雜誌。被問及他怎麼面對太太比較出色的職業生涯時，皮特斯說他認為最好不要讓妻子賺得比自己多，因為這表示她握有權力，而且在關係中是主導的一方。[141]

研究也證實了這樣的觀點；巴斯大學（University of Bath）的喬安娜．賽爾達（Joanna Syrda）爬梳了來自超過六千戶美國家庭的資料，並分析丈夫的心理痛苦程度和夫妻收入差異之間的關聯性。男性的壓力程度會隨著妻子的收入上升而下降——你可能會以為科學證明了一般人的說法有誤，但令人訝異的事實是，以上的陳述只有在某個定點才會成立，也就是女性在雙方共同收入中貢獻四成。一旦超過四成，她們伴侶的痛苦程度就會隨著每個百分點增加而上升，等到妻子成為唯一的收入來源，男性的不滿程度甚至會比妻子完全沒有收入時高出許多。[142]

不過，對於有事業心的女性來說，這項研究還是有個令人感到安慰的發現。如果雙方結婚時女性本來就收入較高，而且雙方都事先知情，那麼上述的觀察結果就不會成立。也許這些夫妻步入婚姻生活時，並沒有捲入底特律的戴夫・皮特斯所經歷的支配地位之爭。而這其中的關鍵，似乎就是許多男性的深層需求是要在親密關係中占上風，而這項要求會在妻子收入高於他們時受到威脅，我們會在後文討論到一些例子。值得注意的是，同樣有許多男性並沒有這樣的需求。

根據美國全國經濟研究所（US National Bureau of Economic Research）的調查結果，女性的收入越高，結婚的機率就越低。研究團隊觀察到另一個分水嶺——這一次是五成。一旦女性的收入看起來會超過家庭所得的一半，結婚的可能性就會大幅下降，而即便這樣的女性有結婚，相較於其他收入較低且丈夫收入較高的女性，她們最後有繼續工作的機率卻更低。就算這些女性有繼續工作，也很有可能無法完全發揮潛力。平均而言，如果妻子的收入高於丈夫，婚姻的滿意程度會較低，而且以離婚收場的機率較高。對了，相較於經濟來源平均分配的家庭，賺得比較多的女性通常會試圖以負擔更多家事的方法來作出補償。[143]

所謂的支配就是在爭奪權力，而權力就是可以控制他人欲望、需求或恐懼的能力。支配是信心的來源，原因就在於隨之而來的控制感。很多處於異性戀關係中的男性難以接受自己沒有處於支配地位；也有一些人沒這麼執著。二〇一二年有一項橫跨二十七個國家的研究顯示，男性對支配的需求較為強烈，和較嚴重的性別歧視及女性失權（disempowerment）有關聯性。[144]當伴侶有這樣的需求，女性的信心總是會在這場不平等的爭奪之中淪為犧牲品。

在下一章，我會更詳細地分析一大重點：以信心層面而言，男性和女性遵循的規則並不相同。相較於男性，女性的自尊比較會受到人際關係的影響，包括與伴侶的關係；男性的自尊則多半取決於個人成就，獨善其身的個人主義讓他們可以比女性更明目張膽地去爭取支配地位。

演化心理學家推論，這些行為上的性別差異是源於深層的生物性。與支配心態有關重要荷爾蒙之一是睪固酮，在男性體內的濃度是女性體內的十倍。二〇一九年，國際體育仲裁法庭（Court of Arbitration for Sport）判決，如果女性因為異常性發展而天生睪固酮濃度過高，她們必須服用藥物降低這種荷爾蒙，才能參與距離四百公尺到一英里的國際賽事。南非女性運動員卡斯特爾・塞曼亞（Caster Semenya）的案例就是引發此判決的契機，這也顯示出睪固酮對於在運動場上取得優勢有多麼重要。[145]

較高濃度的睪固酮會讓人整體而言更有好勝心，而不只是在運動領域。高睪固酮也有提振信心的效果，[146]而且睪固酮濃度較高的女性會比其他女性更具性吸引力。[147]在上海，學生家長參加的競賽會根據解開一系列算術問題的表現給予獎勵，這些獎勵可能是現金，或是給孩子的參考書禮券。和性別差異的研究結果一致（我們一樣會在下一章回頭討論這類研究），如果獎勵是現金，男性會比女性更好勝；然而當競賽的獎品是提供給孩子的教育禮券，女性會比男性更好勝且表現得更好。[148]

女性也會像男性一樣產生兇狠的好勝心，但要視目標而定。話雖如此，根據一些研究，男性和女性之間的生理差異並不是直接轉換為攻擊性和好勝心。舉例來說，儘管男性確實會對暴力影像或訊號產生比女性更具攻擊性的反應，但女性面對挑釁時，好鬥程度並不亞於男性。[149]

因此，並不是生理層面的因素必定導致女性的信心遭到支配的男性抑制。

真正決定信心程度的是社會規則——男性的收入應該高於女性就是一個例子——而不是生理差異。這類常規是在和當今非常不同的社會中成形，當時注重的是體型和力量，這些早期原始的優勢讓男性得以累積權力、財富、地位和信心。這種形式的資產以複利的方式隨著時間倍增並橫跨數個世代，就如我們在第四章所討論的。

任何穿著高跟鞋的女性或身形嬌小的男性都會同意，身高的重要性還是不容小覷。女性確實不如男性高大和強壯，而不論你喜不喜歡，就算非常膚淺，依照我們的社會常規，身高依然是常見的信心來源。平均而言，身高較高的男性因為比較受人尊敬，更有可能成為領袖、有較高的自信心以及賺得更多，[150]身高較高的女性也是如此。既然男性平均長得比女性高，這種原始的信心來源讓男性在地位競爭中具備獨有的優勢。當然，有很多極有信心的女性對於增高道具不屑一顧，也有男性會想要利用隱形增高鞋多偷一點優勢。

在高度發展的世界，身高和力量已經和大多數的人類活動無關，但這些原始資產帶來的先天優勢依然存在，社會規則衍生出這類優勢，而優勢又賦予男性不斷累積的權力

選擇指揮官

二〇〇八年六月七日，希拉蕊．柯林頓（Hillary Clinton）宣布退出美國民主黨的提名初選，並支持競爭對手巴拉克．歐巴馬（Barack Obama）。一週前，六百八十一名五至十三歲有男有女的瑞士學童，玩了一款以從特洛伊（Troy）到伊薩卡（Ithaca）旅途為主題的電腦遊戲，他們對美國政治幾乎一無所知。接著這些學童要想像自己即將在現實生活中展開這場冒險，他們會看到兩張面孔並回答以下問題：「你會選擇誰擔任你船上的船長？」驚人的是，學童準確預言了初選結果，因為他們都選擇巴拉克．歐巴馬當船長。

這些瑞士學童的奇妙能力可不只對知名面孔有用，他們也同樣成功地預測法國國會選舉的當選人。他們只看了一眼兩位候選人的臉，就選了初選的最後贏家當作船長，準確度達到百分之七十一。[151]

不論是在兩名男性之間選出當選人，還是在一位男性和一位女性之間作選擇，例如歐巴馬與柯林頓，男生和女生學童的預測都很準確。此外，成人的行為模式其實和小孩差不多。例如在二〇〇四年的美國國會選舉之前，研究受試者在電腦螢幕上會看到二名不太熟悉的政治人物臉孔一閃而過，接著要評估兩名人物的「勝任程度」。單憑如此稀少的資訊，受試者卻能以大約七成的準確度預測出當選人。那麼當選人的臉孔究竟有什麼秘密，讓小孩和成人都可以如此準確地預測出他們的勝選？

有能力的長相是獲選為領導者的關鍵，而這種判斷根據的是可以從臉上一眼看出的某種特徵，那究竟是什麼呢？這種原始又容易出錯的心理捷思法，是我們在理解女性信心時需要特別注意的部分，因為他人看待個人的方式會形塑當事人的自信，這對女性來說並不是好消息。

整體而言，一般人通常會評價男性比女性更有能力和信心，而且作出這種判斷的不只有男性，也包括女性。[152]那些面相看似有能力的人最後成為執行長的機率較高，收入也較高。[153]值得注意的是，這些人的表現並沒有真的優於看起來沒那麼有能力的人，[154]外貌顯然比實際的成果更有影響力，這個現象也出現在政治人物身上。[155]不幸的是，這種在判斷信心和能力時有利於男性的偏見，幾乎在所有文化中都存在。[156]

不論是票投政治人物或指派執行長，我們都是根據瞄一眼他們的長相來選出看起來有能力和有信心的候選人。然而，這種膚淺的評價方式雖然能如此有效地拔擢人選——尤其是男性——但卻幾乎無法預測人選在該職位的實際表現。這是當前世界的一大問題，我們非常有必要深入瞭解這些臉孔究竟有什麼秘密，會讓大眾產生這種反應。

普林斯頓大學（Princeton University）的研究人員已經開始著手揭開這個有能力的長相謎團，首先他們根據受試者的評價，運用電腦生成技術建立看起來能力有所差異的多張臉孔。接著他們用相同的方式評價這些臉孔的吸引力，結果發現長相越有吸引力，就越容易被視為有能力的人。

這時他們已經可以建立一系列具有同等吸引力、經過電腦調整的臉孔，唯一的差別就是這些臉孔看起來能力不太一樣。在吸引力相同的情況下，研究人員發現，被判斷為比較有能力的長相同時也被評價為比較有男子氣概和有信心。當研究人員請受試者判斷看起來能力不一的臉孔是男性還是女性，可想而知，看起來越有能力的臉孔就越容易被看成男性。

簡而言之，有能力的長相看起來有信心、有吸引力且有男子氣概。那麼我們可以把自己的相片修圖成看起來稍微比較有男子氣概，來提升被視為有能力的機率嗎？我們還真的可以——或者至少男性可以這麼做。當普林斯頓大學的研究人員把男性臉孔調整成更具男子氣概，獲得的能力評價確實有提升，而以相同方式調整的女性臉孔卻引起了強烈的負面反應。在某個程度上，讓女性臉孔看起來更有男子氣概的確可以提升能力評價，但在看起來仍是女性的臉孔上繼續調高男性化程度，卻會造成反效果；一旦超出上述的範圍，能力評價就會一落千丈。[157]

這也難怪女性通常會猶豫是否該以組織、企業和政治界最高層的職位為目標，不只有男性認為她們整體而言比較缺乏能力和信心，就連其他女性也是。而就算她們試著提升自己的男子氣概——進而提升自己有能力的信心——來扭轉這樣的印象，還是有做得太過度反而被視為更沒有能力的風險。

越有吸引力的女性確實顯得越有能力，但她的女性氣質又會造成反效果，因為一般人會在腦中把男子氣概——信心能力連結在一起，這種觀念大部分都是無意識、根深柢固而且難以改變。像這樣進退兩難的狀況會持續存在，因為在人的腦中，信心及能力連結男子氣概的關聯性極為緊密，以至於有能力和較女性氣質的女性會落入不利的地位。女性還有可能面臨的雙重打擊的風險，也就是因為太有男子氣概而被視為缺乏吸引力，**同時**又因為相同的原因被視為能力不足。

部分女性會打破性別刻板印象，採取自我推薦的行事作風，畢竟男性的這種做法十分吃香。她們通常會同時被男性和女性評價為十分有能力，但這麼做的代價就是被視為缺乏社交能力。由於信心會促使人自我推薦，當有信心的女性被視為有能力，她在自我推薦的同時必須冒著不討人喜歡的風險。[158]基於相同的邏輯，如果男性在類似情況下表現出謙遜的態度，會被視為沒那麼有能力，因為他們的表現不符合性別刻板印象。[159]

所以也就不難理解為何有這麼多女性主管覺得自己像冒牌者，她們必須面對男性占有優勢的競爭，但其實兩個性別都會在見到女性的幾秒之內，就無意識地認為女性能力不及男性。然而當女性表現出有信心、自我推薦的行為，也就是對男性來說很有用的做法，那麼兩種性別對她們的好感度通常都會降低，並且認為她們不太會社交。

也許這就是為什麼女性更常接下寫在履歷上不怎麼好看的好公民責任，例如參加委員會，結果不經意地破壞了在組織內的升遷機會：研究顯示，平均而言女性比男性更重視人際關係，而且沒那麼偏好自私利己和自我推薦。[160]話雖如此，**和善**的表現也有可能是一種緩衝機制，讓女性可以暫時免於一觸即發的偏見，也就是根據她們的臉孔評價她們的能力。

像這樣的一秒效應意味著偏見態度深植於大腦，當女性對自己也抱持著同樣且無意識的偏見，就必定會淪為偏見的受害者。大約六歲的女孩子似乎會經歷某種轉變，導致這種自我貶低的偏見在她們的大腦中開始萌芽。在二〇一七年，伊利諾大學的研究人員告訴五歲的孩子一則故事，主角是個**非常、非常聰明**的人，然後孩子要猜猜看四個成人中——兩男兩女——誰是主角。大多數的小女孩選了其中一名女性，而小男孩則選了其中一名男性。

但是在六歲的孩童身上出現了奇怪的現象：女孩的偏好變得比較像男孩，甚至更常見的狀況是，她們開始選擇男性作為故事中非常聰明的主角。接著研究團隊請小朋友從兩款新遊戲中作選擇，其中一款是適合**非常、非常聰明**的小孩，另一款則適合**非常、非常努力**的小孩。在第一項實驗選擇男性作為主角的女孩，比較不會選擇適合非常非常聰明的小孩的新遊戲。[161]

當小女生邁入第六年的人生，拋棄對聰明才智單純而中立的判斷，另一種對女性特質的觀念便取而代之。當研究人員請小朋友選出**非常、非常和善**的人，六歲的女孩通常會選擇女性，而五歲的女孩卻沒有這種傾向。

以上種種現象意味著有一股強大的力量在壓抑女性的信心，而且從很小的年紀就深植在她們自己和其他人腦中。有任何解決之道嗎？

有如強勁逆風的刻板印象

二〇一一年三月二日，剛獲選為愛爾蘭國會議員的瑪麗·米切爾·歐康諾

（Mary Mitchell O'Connor）把車開出國會停車場。這位有才能的前學校校長很快就會升為部長，進入政府核心的第一天結束後，她顯得相當振奮。不過歐康諾並不熟悉停車場的配置，她的紅色轎車就這樣陷進國會前廣場上的幾階矮階梯，在一旁目睹的男性攝影師暗自竊喜。[162]她的一頭亮麗金髮、鮮豔唇膏和充滿女性氣質的舉止，在這個倒楣的小事件沒有為她帶來任何好處。隨之而來的是一陣充滿男子氣概的歡呼聲，呼應了世間長久以來對女性空間導航能力的評價。

男性和女性在空間思考認知測驗上的差異最為明顯，很多對女性能力的說法都是建立在這項事實之上。瑪麗・米切爾・歐康諾看似活生生印證了這些說法，這起事件傳遍酒吧和更衣室，成為男性之間熱烈討論的話題。

有一項空間思考測驗會呈現排成一圈的物件俯視圖，包括汽車、樹木和花朵，而在正中央則有另一種圖像，例如說一隻貓。看完圖片之後，受試者會拿到空白的圓圈並且要在上面畫出一條線，來標示出圓圈上的特定物件——例如樹木——和正中央的貓的相對位置。這是典型的地圖識讀題目，你必須辨識多個地點彼此之間的相對位置，不論你面朝的方向為何。

在二〇一六年，加州大學聖塔芭芭拉分校（University of California, Santa Barbara）的研究人員向受試者說明地圖識讀測驗的評量目標，並表示：「觀點取替能力（perspective-taking ability）是衡量空間能力的其中一項指標，而空間能力是一種認知能力，定義為能夠理解空間內物件之間的關係，以及能夠在腦中調整這些關係並作出正確的反應。男性的空間能力測驗分數通常會比較高。」

受試者完成測驗後，研究人員公布的結果顯示，女性受試者確實在這道題目表現較差，分數最低只有男性分數的一半。

不過接下來，研究人員將測驗稍微作了一些調整，這次在圓圈正中央畫的不是貓，而是由上往下看的人類頭部和肩膀視圖。受試者聽到的說明也不太一樣，內容如下：「觀點取替能力可以被視為衡量同理能力的指標，而同理能力是一種社交能力，定義為能夠辨識和理解另一個人所看到或感受到的東西，並且能作出適當的反應。女性的同理能力測驗分數通常會比較高。」

第二組的男性和女性受試者進行了和前述一模一樣的視覺空間測驗，只不過圖片中央是人而不是貓，還有關於測驗的解說不太一樣。結果女性在這項完全一樣的空間題目上表現如何？她們的分數和男性不相上下，表示兩者能力沒有任何差別。

研究人員採用另一種地圖識讀題目之後，還是得到了相同的觀察結果。在這項測驗中，受試者會俯視貫穿城鎮街道的路線，接著要回答在每一個轉彎點是該右轉還是左轉。和先前一樣，當題目的呈現方式是與同理心有關的人性化測驗，而不是抽象的空間測驗，男性與女性之間的差異就會消失。[163]

像瑪麗·米切爾·歐康諾這樣的女性深知自己應該要不太擅長處理空間問題，例如看地圖、開車、工程——這種說法她們已經聽了一輩子之久。正因如此，當女性在眾目睽睽之下需要用到空間思考能力，例如接受測驗或在國會停車場駕駛，她們會變得比較焦慮，而焦慮感會讓人難以保持思緒清晰。除此之外，女性還需要使出額外的心理能量，才能避免自己大腦中的這些負面刻板印象造成干擾，所以她們會更難專注在眼前的問題上。因此，當所有人——包括她們自己——都覺得女性比較沒有能力處理特定作業，她們的表現就會更差。

這就是全體女性所面臨的威脅：有如強勁逆風的刻板印象。這股強風在她們大腦中不停地吹，力道不亞於外在呼嘯的風。減少這種威脅的方法之一就是把特定作業描繪或重新包裝成女性應該要而且也確實擅長的領域，例如同理心。[164]

相較於男性，女性比較不願意花時間在模擬戰爭遊戲中殘殺虛擬敵人，《榮譽動章》（*Medal of Honor*）就是一個例子。在這款電動遊戲中，玩家身處各種遭到轟炸的３Ｄ建築或其他末日場景，必須要辨別自己和敵軍的位置，才能跟蹤敵人並射殺或對敵人造成重傷害。根據我玩這類遊戲的有限經驗，玩家的生死取決於幾秒之內，一不小心就會在虛擬世界中被炸成碎片。

這類型的遊戲可以強化大腦建立腦中地圖的能力，讓你能看清自己相對於其他玩家的空間位置。女性並不像男性這麼常玩這類遊戲，所以沒有同樣多的機會運用空間思考能力。人類大腦其實很有可塑性，也就是隨著我們使用的方法改變，大腦也會產生實體的變化，空間思考當然也不例外。[165]

於是多倫多大學（University of Toronto）的研究人員決定，要先給女性十小時的遊戲時間熟悉《榮譽勳章：太平洋戰役》（*Medal of Honor: Pacific Assault*）的戰場，再測試她們的空間思考能力。受試者在進行上述訓練之前和之後，都會接受（眾所皆知女性比較缺乏）空間推理能力測驗，並且會與玩非空間類電腦遊戲的女性以及有玩《榮譽勳章》的男性作比較。研究人員發現，玩這款遊戲讓男女之間的差異消失，當女性願意練習空間能力，她們的能力就會提升到和男性相當。[166]

當女性在接受空間思考能力的測試，單是提到性別就足以讓她們表現得不盡理想。一提及性別議題，就會喚起她們腦中深處有關女性能力的偏見和刻板印象，彷彿潛伏在暗處的怪物甦醒。其他刻板印象如年齡也有相同的現象，還有種族也是如此。刻板印象的威脅有如逆風，將心智資源一吹而散，並且形成自證預言。

二〇〇五年，哈佛大學（Harvard University）校長勞倫斯・薩默斯（Lawrence Summers）掀起一場風暴，他宣稱取得菁英大學的科學和工程教授職位的男性之所以遠多於女性，是因為基因的緣故。這起爭議引發了加拿大研究人員的好奇心，於是他們決定要探究基因形塑能力的觀念是否會影響表現。

研究人員讓女性受試者進行兩次數學測驗，都是美國研究生入學考試（GRE）採用的測驗類型，並在其中穿插了一段閱讀理解測驗。在受試者不知情的情況下，他們被隨機分為四組，在第一項測驗後分別閱讀四則不同的文章。第一篇文章指出，男性和女性的數學能力並無差異，而第二篇則是單純討論性別議題，沒有提到數學這項科目；第三篇認為是基因因子造成所謂的男女差異，至於第四篇則表示差異確實存在，但原因是經驗不同。

這些文章對女性在第二次數學測驗的表現造成顯著影響：從文章得知沒有男女差異的女性平均得分為十五，相較之下，讀到性別議題文章的組別平均得分為七・五；性別刻板印象導致女性的數學能力降低一半。那麼讀了其他兩篇文章——基因對上經驗——的組別呢？經驗組在測驗中拿到十七分的高分，但從文章得知女性因為基因而比較不擅長數學的組別，平均分數則是跌落到六分。[167]

如果你所屬的族群——性別、年齡、種族——被認為在某方面比較沒有能力，那麼認為特定基因導致這種落差的觀念，就會削弱你在這方面的信心，而信心低落等同於表現不佳。在多數國家，女性擅長數學的程度不亞於男性，但她們對自身能力的信心卻遠遠不足。依照學校註冊、國會代表和研究職位等項目的性別差異衡量，性別平等程度較低的國家在數學能力方面有比較嚴重的男女落差，因為女性對數學沒那麼有信心。[168]在高度性別平等的社會，比較不會因為數學表現的刻板印象造成負面影響。

就如我們在第五章所看到的，有些人認為基因或其他因素決定了自己的能力；有些人則認為努力、機會、經驗加上遺傳，左右了自己做得到和做不到的事。平均而言，女孩的自信低於男孩，而如果女孩用基因決定論看待自身能力，這樣的落差會更為明顯。[169]

當刻板印象的逆風效應減弱，或是當背後的基因論不再被強調，女性在被貼標籤為不擅長的領域就會表現得更好，而且通常都可以達到與男性相同的水準。然而，儘管信心差異可以縮小，很難徹底根除，除非整個社會能透過教育和政策漸漸消除這些有害且錯誤的刻板印象。

最容易侵蝕信心的就是焦慮感，這是因為焦慮會促使我們搜尋這個世界中（當然也包括我們的記憶中）會威脅到自己的壞事。這樣一來，就很難預期未來會成功；換句話說，就是難以抱持信心。不論是兒童還是成年人，女性都比男性更容易感到焦慮。[170]最常見也最容易的解釋是基因、生理機能或荷爾蒙：女性天生就比較焦慮；焦慮感會損及信心；由此可知，女性天生就比較沒信心。

然而，這個理論卻在西方世界之外遇到問題：例如研究顯示，日本和南非黑人女性的焦慮程度並沒有高於男性。[171]顯然造成焦慮程度差異的關鍵是文化刻板印象和歧視，常見的西方女性刻板印象包括緊張兮兮、不夠果斷及急切想表現**和善**一面。等到女性在社會化的過程中會漸漸符合這種刻板印象，她們的自信就會因此被削弱，畢竟這樣的行為和有信心的行為是兩個極端。相對地，男性的刻板印象如自認有優勢，反而會讓符合這種刻板印象的男性獲得提振信心的好處。

同心協力

二〇一八年十一月，民主黨奪回美國國會多數的地位，這主要歸功於女性候選人成功的競選活動。女性議員的人數從二〇一六年的三百一十二人激增為二〇一八年的五百九十二人，而在這段期間，表達有意參選的人，女性人數從九百二十人躍升至四萬兩千人。[172]和二〇一四年一項悲觀的研究相比，這可是難以想像的轉機，這項研究發現高中和大學學生的政治抱負有明顯的性別落差。

研究人員的結論指出，導致這種政治抱負落差的關鍵原因就在於女性較少有競爭活動方面的經驗，例如運動。比較多男孩和年輕男性會受到鼓勵並且在社會化過程中參與這類活動，因此女性在競爭激烈的領域比較缺乏信心。[173]

那麼，要如何解釋這股在美國女性之間興起的政治信心和活動浪潮？這背後有明確的政治因素，從時任總統的政策、發言和行為就能明顯看出，不過其他牽涉其中的潛在因子也許會有助於我們深入瞭解女性信心。第一個因子就如研究所示，女性比男性更注重集體，這對她們的個人信心來說是一種阻礙，但運動的集體信心方面卻有可能帶來優勢。

於是在二〇一六到二〇一八年間，出於各種原因，女性突然紛紛投身政治運動，並因此以集體的形式獲得了信心。這種集體信心的好處就算比不上個人信心，也不容小覷，二〇一八年期中選舉的結果就是最好的證據。

讓女性政治信心激增的第二個因子也許就是**行動**：二〇一六至一八年期間，最為人所知的活動包括二〇一七年的華盛頓特區（Washington, DC）女性大遊行（Women's March in Washington），參加人數逼近五十萬人。根據布魯金斯學會（Brookings Institution）智庫在二〇一八年提出的報告結論，確實在過去十二個月，年輕女性比年輕男性更有可能參與一種以上的政治活動。報告的結論指出：「這可能是美國歷史上首次有成群的年輕女性自認政治參與度高於男性同儕。」[174]

而現在我們可以確信，有證據顯示規劃行動對於女性累積信心的效果，遠遠多於對男性的效果。

思考一下你目前正在苦思的「該不該做」問題，也許是**我該不該換工作？我該不該搬家？**或是類似的問題。花個幾分鐘透徹思考各種做法的優缺點，這項練習可以讓你進入**審議（deliberative）**心態，也就是權衡各種選項，同時尚未定下明確的行動方針。

現在想一想你在接下來數個月預計要達成的最重要個人目標：例如，**我打算找到新的公寓**。花個幾分鐘思考這件事，會讓你進入所謂的**執行（implemental）**心態。在這種思維框架下，你會作出決定、清楚自己要採取什麼行動，並且朝向明確的目標邁進。

以上兩種心態會引發非常不同的感受、想法和行為：審慎評估會促使你開始思考有利和不利的層面，而你的心情和信心會隨之波動。另一方面，思考如何執行特定目標則能提振你的心情，你的心智也會漸漸專注在目標上，忽略不相關的資訊。像這樣集中注意力在達成目標之上，會讓你覺得更有信心實現目標，進而讓你有更正面的心態。

二〇一四年，科隆大學（University of Cologne）的研究人員先在一群受試者之中誘發審議或執行心態，接著再讓受試者接受常識測驗。抱持審議心態的女性大幅低估自己的測驗分數，而在此同時，男性卻普遍高估自己的表現。然而，執行心態組的女性卻沒有信心低落的現象，而是具備準確的判斷力，既沒有信心不足，也沒有信心過剩。不過，執行心態組的男性信心過剩的現象竟然又變得更加明顯。[175]

讓受試者專注在採取行動，可以大幅減少女性信心不足的現象，這就是為何確保女性能取得有權力和責任的地位，讓她們得以採取行動，是提升女性信心以及後續表現極為有效的方式。由於在信心層面，男性和女性遵守的規則並不相同，問題就在於制定規則的人才有辦法獲勝。[176]有兩大因素顯著影響女性信心：男性的行為以及女性在多數社會中相對權力低落的現象。那麼這又如何導致信心程度上的性別差異？在競爭層面，男性是順風而行，女性則必須對抗刻板印象、受壓制和偏見的逆風。所幸，這些都並非無可避免或毫無挽回的餘地。

7

性別落差

一九六七年七月，一名年輕的劍橋大學天文物理學研究生正在仔細研讀資料圖表，這時她注意到資料中有個不尋常且一再重複的模式。這些資料來自電波望遠鏡，是她協助指導教授安東尼．休伊什（Antony Hewish）和他的同事馬丁．賴爾（Martin Ryle）打造而成。她第一次告訴休伊什關於訊號的事時，他認為那只不過是普通的無線電波干擾，但她繼續蒐集證據想要說服教授訊號確實存在。在接下來的數個月，三位科學家一一排除這些訊號的可能解釋，直到終於作出結論：他們發現了來自全新天體類型的穩定無線電脈衝，他們將這種中子星命名為「脈衝星」（pulsar）。

他們共同撰寫的研究論文發表在科學期刊《自然》（*Nature*）之後引起一陣騷動，因為一名二十四歲的女性竟然可以在這個明顯由男性主導的領域被署名為第二作者。一九七四年，這個團隊獲得諾貝爾物理學獎，受到世間的讚揚。整個團隊都有獲獎，除了喬瑟琳．貝爾（Jocelyn Bell）以外，也就是這項發現的最大功臣，徹底遭到諾貝爾委員會忽視，如此不公正的結果顯然是源於那個年代的性別歧視。超過四十年後，喬瑟琳．貝爾．伯奈爾（Jocelyn Bell Burnell）在二〇一八年獲頒獎金三百萬美元的基礎物理學突破獎，才平反了當初的不公決定。

男性的歧視和箝制對女性的信心造成嚴重打擊，這也意味著女性的信心被迫以另一種形式呈現，不同於常見於男性的信心形式。貝爾坦承自覺是「冒牌者」，正突顯了這種差異：「那是非常、非常微弱的訊號，只占我手上十萬英里的圖表資料中三英里的一部分。我會注意到是因為我當時非常謹慎、非常仔細，就因為冒牌者症候群（imposter syndrome）。」[177]究竟什麼是「冒牌者症候群」？

冒牌者症候群

請用一兩分鐘的時間想想看下列的說法有多符合你自身的狀況：

我通常可以把原本自以為做不到的事做好。

我想盡一切辦法避免受到其他人評價。

我覺得其他人可能會發現我其實沒有他們認為的那麼有能力。

因為表現好而獲得稱讚時我會很不自在。

其他人通常都看起來比我更有能力或聰明。

我大部分的成就都只是運氣好而已。

很多人都和貝爾・伯奈爾有一樣的感受，也就是覺得自己不如他人所想的那麼優秀，這和我們在第二章和第三章談到的變形鏡現象及自我膨脹策略恰好相反。由於有這樣的策略，人高估自身能力是很正常的現象，在面對負面意見時不太願意降低對自己的評價就是一個例子。而就如我們先前所討論到的，變形鏡是信心機制的一環。

你越是認為上列的說法符合自身狀況，就表示你越覺得自己像是冒牌者，飽受對自身真正能力的懷疑所苦。[178]既然高估自身能力是如此普遍的現象，也許稍微低估一點可以讓我們更接近實際狀況？不過，高估自己是信心機制的一環，而信心對於人的表現、耐力和說服力都有幫助，所以放棄沒這麼簡單。

關於這個世界的現實，有個非常值得注意的要點：平均而言，女性展現的信心比男性少。舉例來說，在二〇一一年，位於倫敦的領導管理學會（Institute of Leadership and Management）針對全英國三千名主管進行調查。被問到會如何評價自己的信心程度時，五成女性表示她們有高度自信且鮮少自我懷疑，或是相當有自信但偶爾會懷疑。相較之下，有七成男性都選擇了以上兩種選項。

在大多數人眼裡，這大概是最為準確且合理的反應——覺得頗有自信但還是略帶懷疑——有四成一的女性認同這個選項，但作出同樣選擇的男性僅有二成五。

從以上的發現可以推斷，女性比男性沒有自信。而從更符合實際狀況的測驗可以看出，在這個複雜的世界中，男性過度有信心的程度已經超出合理範圍。

當康乃爾大學（Cornell University）的學生回答以下問題：我是否擅長科學？男性給自己的分數為十分中的七．六分，女性則自評為六．五分。接著過了一段時間，這些學生的科學推理能力經過客觀衡量，結果女性的表現和男性並無差異。接受客觀測驗之後，當這些學生被問到自認得了多少分，平均下來女性的猜測是十分中的五．八分，男性則認為自己在十分中得到七．一分。179

相較於女性，男性比較會自我吹噓。在針對三千名主管的英國研究中，當研究人員問道，剛開始工作時是否有預期到自己會接下管理或高層職位，三成五的男性回答這完全在自己的預期之內，或是當初有希望達到這項目標。那麼有多少女性給出相同的回答呢？二成三。在成人就業市場，職位階層越高，女性就越會是少數。在地位和能力相同的情況下，女性在和上司協商時所預期和要求的加薪幅度明顯少於男性。180

那麼這種種現象究竟是從哪裡開始的？

我們很容易以為信心的性別差異在已開發國家較不明顯，因為有強烈的性別平等意識，以及相對完善的孕婦和育兒資源，但實際狀況沒這麼簡單。

以近一千四百名八至十八歲美國人為對象的調查發現，在八到十四歲這段期間，隨著這些受訪者進入成人世界，美國青少女的自信程度下降三成，而年齡相仿的青少年則沒有自信變低的現象。[181]

針對超過二千名十一至十三歲挪威學童的研究發現，儘管女生的學業表現較出色，她們對自身學業能力的信心還是低於男同學。同時，女學生的自尊也比較低落，高自尊不代表一定會有信心，而從這項研究可以看出，信心才是影響學業成就的關鍵，而非自尊。話雖如此，低自尊意味著比較難以抱持信心，因此這方面的性別差異就和女性信心有密切的關聯性了。

以四十八個國家約一百萬人為範圍的大型研究發現，全球女性的自尊都低於男性。[182]在富裕、崇尚平等、個人主義的國家，性別較為平等、未成年懷孕率較低且結婚年齡較晚，例如英國、美國、加拿大、西班牙和挪威，青少年自尊的性別落差更為明顯。對照組是較貧窮的開發中集體主義國家，性別較不平等、未成年懷孕率較高且結婚年齡較早，例如印度、印尼、泰國和菲律賓。

在較富有、個人主義且性別平等措施完備的國家，上述的性別落差會隨著青少年長大成人漸減，但並非完全消除。相對在較貧困、集體主義且缺乏性別平等措施的國家，上述的性別落差卻呈現上升趨勢。由此可知，減少歧視女性的政策對於女性自尊終究還是有部分影響。那麼，為什麼相較於貧窮的集體主義國家，在比較富裕且個人主義的國家，青少年和青少女的自尊會有比較明顯的落差？

遊戲規則不同

喬瑟琳・貝爾・伯奈爾在獲頒獎金三百萬美元的突破獎之後，對於自覺是冒牌者表達了這樣的感想：「我比較像是努力不懈的那種人，所以我決定在他們把我轟出團隊之前，我都要用盡全力做好自己的工作。這樣的話，當那一刻到來，我就不會有罪惡感，我知道自己已經盡力了。」[183]

這種心態比較會出自不想讓其他人失望——避免良心受到譴責——這一類的人，而不是追求個人名聲和成就的類型。由此我們可以略知在某個層面上，女性的經驗會導致她們以完全不同於男性的方式學習、運用和體驗信心。

請看看下列五句話，並思考一下每一句有多符合你自身的狀況：

我喜歡和別人有很多不一樣的地方。

我通常想做什麼就做什麼，不論其他人怎麼想。

我喜歡其他人只針對我特別提及或稱讚。
不論和誰相處，我的行為舉止都差不多。
我會優先照顧自己以及把該做的事做好。

現在想想你有多同意以下五種說法：
我通常會尊敬謙虛的人。
發生在我身上的事和其他人的生命有密切關聯。
比起自己的成就，我更重視自己與他人的關係。
我通常會配合其他人的想法，即使我其實比較想要做別的事。
我的快樂多半是取決於身邊的人是否快樂。

哪一組說法最能套用在你身上？如果是第一組，那麼你的自我心智模型屬於比較**獨立**的類型——你強烈認為自己是獨立的個體。相對地，如果你比較符合第二組的說法，你的自我觀點比較偏向**相互依存**或**自我建構**（self-construal）。[184]

傾向獨立的人——姑且將他們稱為個人主義者——通常會優先表達、支持和推銷自己。他們追求的是獨一無二，而且會花費大量時間試圖影響其他人，而不是去配合他人。這類人看待世界的方式是著重於個人和個人特質——例如英雄和反派——不太會從脈絡或人際關係的角度來解讀人的行為。如果問個人主義者對其他人的行為有什麼看法，不太可能從這類人口中聽到的一句話就是：「嗯，要看是什麼情況吧。」

最令人訝異而且和信心思維最為相關的現象是，個人主義者的變形鏡效應更為明顯。在有**優越幻覺**（請參考第二章）的情況下，我們傾向於高估自己的能力和機會，進而促成自證預言。之所以會有這樣的結果，是因為人類大腦會針對關於自己的好壞評價進行**不對稱修正**，進而培養和保護自尊心，最後達到提振信心的效果。

相較於贊同第二組說法的人，個人主義者會產生更強烈的優越幻覺，他們會高估自己比起他人的成功機率。

傾向於相互依存的人最重視社交和諧、人際關係和社會責任，因此他們通常會努力融入群體，而不是影響群體。這類人比較不會專注於求獨特，反而會努力讓人際關係保持穩健和正常運作，他們也不太會因為自己的能力、成就和成功而信心大增。[185]

個人主義者把大部分的心理能量都投入在得其所願、伸張自身權利以及努力追尋目標。比起相互依存思維的人，這類人對成功的想法比較樂觀，因為他們對自己的評價遠高於客觀事實，而這源於他們明顯的優越感偏見。

這個現象可以部分解答為何較富裕的國家相較於較貧窮的國家，男孩和女孩的自尊程度落差會更為明顯。平均而言，在較富有的已開發西方國家，思維模式比較偏向個人主義且有自我見解，而沒那麼富裕的國家則比較容易養成偏向集體主義的心態。

不過問題就在這裡，全球各地的女性和女孩在思考模式方面，比起男性都沒那麼個人主義。因此，富裕國家偏好的思考模式和國內年輕女孩的思考模式就呈現出更大的落差。青春期女生在想到自我時，會比男生更關注人際關係的層面，因為她們從很小就被教導要這麼做。相對最沒有權力的人——不論是男性或女性——只能選擇這麼做，畢竟缺乏對自身人生的控制權，就代表發生在自己身上的事情多半都是取決於他人的所作所為。

在學校，青少女必須面對一大群青少年業務員，後者被訓練成要對個人貢獻夸夸其談。這是透過自尊推升自信的其中一環，就如我們先前看到的例子，這麼做會讓人顯得更有說服力和表現得更好，因而可以促成特定類型的成功。長時間累積下來，男孩擁有更多這種信心燃料添加劑，而男孩身上這種高於平均的自信不僅讓他們更容易在運動場上有所成就，也有助於培養他們的自尊心。

這對大多數的女孩來說是一項障礙，因為她們從小養成的是沒那麼個人主義的思維框架，她們的自尊通常不是建立在個人成就上，而是與他人的連結感以及為親近對象的成就感到開心。女性經常會把家人和親近對象的目標視為和自己的目標同等重要，男性則比較沒有這樣的現象。[186]

事實上，在這種普遍的差異背後，**其實**意味著男孩和女孩站上的信心競技場根本不公平，各個性別遵守的是不同的規則。女孩看到男孩具備某一種信心，讓他們更會宣傳、說服和表現，這些益處是建立在個人主義心態之上，而且強調的是強化自尊的個人成就。

這樣的觀念意味著在許多——但不是全部——男孩眼裡，人際關係是比較和區分他我的機會，也就是手段而不是目的本身。而女孩通常會抱持偏向集體的心態，因此親近關係**就是**目的本身，而且足以形塑自尊，不同於個人主義者將獨立達到成就當作提高自尊的主要動力。

針對個人心態對比集體心態的研究指出，兩個性別的信心是以不同的規則在運作，而且運動界的現象也證明了這種觀點。

我們在第二章有討論到，在比分接近的大型網球比賽中，贏得第一盤的選手有更高的機率會贏得比賽勝利，也就是所謂的手感效應。但這種現象只有在男性身上觀察到，不包括女性。[187]二〇一七年的一項研究發現，儘管個人的信心對於提升男性運動表現有極為顯著的效果，但在女性身上卻幾乎沒有任何效果。[188]

類似的現象也出現在學校教室：男學生比女學生更有可能吹噓自己的能力，而女學生則不會像異性這麼常自吹自擂。[189]而就和運動一樣，男學生越常做出有信心和自我讚揚的發言，他們的學業表現就越好，但女學生卻沒有這樣的現象。女學生比較常針對其他同學的表現給予正面評論，而不是評價自己。[190]

以上種種現象導致自信對女孩來說是一把雙面刃：如果她們大聲說自己的好話，她們會因為偏向連結的心態而更容易注意到，這麼做有可能會在情緒層面間接傷害到自己的人際關係和自尊。相對地，偏向獨立心態的男孩對於這類後果則不太會感到糾結，因為他的自尊主要是建立在個人成就上，而不是人際關係。

如此一來，為何在較富裕的國家男孩和女孩之間有更明顯的自尊落差，就有個可能的解答了。我們已經知道，上述的文化會培養出個人主義心態，利於充滿信心地自我宣傳，但不利於比較注重人際關係的集體心態。由於女孩的自尊多半是建立在人際關係的品質之上，而非個人成就，因此推升信心的自我吹噓行為其實會對她們的自尊造成**威脅**，而無法像男孩一樣透過這種方式強化信心。

這背後的意義是，世界上的男孩和女孩根本就是遵循不同的規則，在這個世界上，用自我膨脹的觀點看待自身能力，確實在部分層面有讓人更成功的**效果**，種種原因就如第二章所述。就根本層面而言，相較於男孩，這種自我推銷的行為絕對會對女孩造成更多壓力，因為她們必須冒著自尊受損的風險。在這個以男孩個人的自我推銷為中心的世界，想要依照男孩規則來競爭的女孩，無可避免地會對自己的自尊造成更多壓力和威脅——從全球的資料都可以明確看出這一點。

在較富裕的國家，男女的自尊落差會隨著年齡增長漸漸縮小，也許是因為較富裕的國家有更完善的平權政策。舉例來說，產假和育兒資源有助於減少拖垮女性地位的劣勢，但想當然無法完全解決問題。男性和女性遵循不同的信心規則，是更為難以處理問題，而這種差異在競爭時最為明顯。

好勝心

巴黎高等商業研究學院（École des Hautes Études Commerciales，HEC）是歐洲首屈一指的商學院，在培養財星五百大（Fortune 500）企業的高階管理人才方面，全球排名僅次於哈佛大學。每年都有三千四百名殷殷期盼的申請者接受一連串殘酷的入學考試，包括數學、歷史、地理、法文、兩種外語、哲學、一般文化和時事，最後還要進行面試。這些申請者爭奪的是為數不多的三百八十個名額，只能說競爭十分激烈，僅有四成六的女性和五成四的男性可以進入最終關卡。[191]

不過這些統計數字有個奇怪之處，只要看看這三千四百名申請者在另一項測驗的表現就會發現，而這項測驗就是拿破崙在一八〇八年引進的制度——法國高中畢業會考（Baccalaureate）。

HEC的入學之所以競爭如此激烈，是因為名額固定不變，不論有多少人申請，所以決定你是否錄取的關鍵在於你和其他申請者的相對**排名**，而不是測驗的**絕對**分數。另一方面，法國高中畢業會考則是只要受試者達到特定成績就能通過，也就是確保能進入大學。由於大多數的大學科系並沒有名額限制，這表示法國高中畢業會考的考生並不是在與同儕競爭，而是和自己以及考試比賽。這和HEC測驗正好相反，名額固定使得所有的申請者都必須彼此激烈競爭，才能獲得那些珍貴的錄取名額。

我們可以看出HEC的錄取流程讓男性占有將近一成的優勢，法國高中畢業會考則呈現相反的模式，女性HEC申請者的會考成績明顯優於男性幾個百分點。那麼為何女性會在一項測驗中勝過男性，卻在另一項測驗中表現較差？也許單純是因為HEC測驗比較嚴格和高標準？但是只要仔細觀察男性和女性錄取HEC後的期末考試成績，就會發現這個理論並不成立，女性幾乎在所有科目都勝過男性，和高中畢業會考的狀況一樣。所以，問題到底出在哪裡？

HEC的首年期末考試相當困難，但不及格的學生不到一成，這並不令人意外，畢竟入學考試的難度不容小覷。這表示期末測驗和錄取流程不同，不是在互相競爭，不會有固定比例的學生被當掉——只要達到合格成績，就可以通過測驗，和高中畢業會考一樣，所以大多數學生都辦得到。如此一來，女性在HEC首年考試中就不必被迫捉對廝殺般地競爭，只要和高中畢業會考一樣表現即可。只有在殘忍競爭的入學考試女性才需要這麼做，也因為是這樣的場合她們的表現差強人意。從以上種種現象可以觀察出，競爭對女性造成的挑戰大於對男性……至少在特定情況下是如此。

每年六月初，豔陽高照的南加州聖塔芭芭拉（Santa Barbara）都會舉辦州街英里路跑（State Street Mile），這系列以一英里為單位的路跑競賽包含幾項競爭相對較不激烈的家庭（和其他）路跑活動，也有菁英英里路跑公開賽（Elite Open Mile），供競技運動員依照性別分組參加，爭取高達五千美元的獎金。如果參賽者認為自己可以達到比賽的合格時間，就可以報名參加這項菁英賽，男性的標準為四分半，女性則是五分半。

加州大學聖塔芭芭拉分校的經濟學家仔細分析哪些人選擇參加哪種比賽之後，結果讓他們大吃一驚：有八成八較年輕的男性預測自己可以達到——後來也真的達到——男子組菁英英里路跑公開賽合格時間並報名參賽。但預測自己可以並且真的達到合格時間的女性之中，僅有六成四報名與其他相近水準的女性一較高下。[192]

這種明顯缺乏好勝心的現象也出現在康乃爾大學的科學測驗研究中，結果顯示女性會低估自己相較於男性的科學能力。在相同研究的另一個階段中，所有受試者都有機會參加科學競賽，而且比賽會提供獎金。有七成一的男性報名參加，但僅有四成九的女性作出相同的選擇——儘管她們的科學測驗分數不亞於男性。[193]

所以，女性就是不喜歡競爭嗎？這項研究帶來的啟示似乎就是如此。部分研究人員認為這是因為女性不喜歡承受風險，但史丹佛大學的茉里爾．尼德勒（Muriel Niederle）檢視過科學證據後的結論是，女性並沒有比男性更厭惡風險。女性看似逃避競爭或在競爭狀態下表現不盡理想，例如巴黎高等商業研究學院的錄取流程，背後原因**並非**如上所述。事實上，尼德勒和同事莉薩．韋斯特隆（Lise

Vesterlund）的研究顯示，真正的原因是**信心**。[194]女性之所以逃避競爭，是因為相較於男性，她們對自己的表現比較沒有信心。

女性偏向集體和「我們」的思考方式意味著在信心的戰場上，她們又再一次遵循著不同於偏向個人主義、以「我」為尊男性的規則。在競爭方面，以上的差異十分明顯：當朋友是你自我形象的一部分，而且這段友誼是你的自尊核心，就會難以抱著擊敗朋友的念頭表現出無情的好勝心。硬性個人競爭的意願不僅會因為缺乏信心而縮減，也會因為對於要**打敗**其他人感到矛盾而降低。

好勝心和信心會相互影響，遵循的規則不同也許可以解釋為何女性在好勝心和信心層面都不同於男性，不過還有至少一種其他因素牽涉其中，也就是我們在上一章討論到的「破壞者」。

破壞者

在緊張兮兮又鬧烘烘的一千名學生之中，兩位十五歲的男孩愛倫和戈馬克迫不及待想要報告他們的研究，這裡是舉辦在都柏林的青年科學家競賽（BT Young Scientist Competition），而我是其中一位評審。

「女生和男生的起跑點一樣，不過到了我們這個年紀，女生就開始對科學和工程失去興趣，我們想知道原因是什麼。」愛倫說道。

於是他們開始著手，並向三百七十六位五至七歲的兒童蒐集資料，例如請他們畫出工程師的畫像，並且為這個人物取名字以便明確區分性別。半數的小女生畫筆下的工程師是男性，那麼小男生呢？僅有百分之四畫出女性工程師。

戈馬克保守的觀察結果是：「女生對於男生能力的評價高於男生對於女生能力的評價。」

一般在討論女性信心問題的可能解決方法時，都會把焦點導向女孩和女性本身。不過，愛倫和戈馬克卻發現，這麼做可能忽略了真正的重點：男性有意識或無意識的態度。喬瑟琳．貝爾．伯奈爾應該不會對這項發現感到太意外，我在劍橋大學的同事應該也是。她是在國際上備受讚譽的學者，也是傑出的知識分子，還有要是像我一樣被發現占用她的實驗室空間或造成她的麻煩，她就會發揮威嚇他人的特殊能力。

我們的研究所被戲稱為熊園，因為研討會的講者都逃不過演講內容遭到眾人無情解剖的下場，有一天開完午餐研討會之後我嚇了一跳。在這個比平常溫和許多的場次，我的身邊是這位女性同事——姑且稱她為珍好了——以及都是女性的議程主持人和發表人。由於在我們的研究所，女性擔任研究重要職位的比例極低，上述的狀況可說是相當罕見。

「你知道嗎，通常我不能在這種研討會裡問問題，不過今天很不一樣，台上的兩位都是女性。」珍突然這麼說，不同於平常兇猛的偽裝，這種從未顯露過的脆弱面貌讓我有點困惑。後來她的確提出了問題，也發表了出色的評論，是我以前在公開研討會從未看過的樣子。

突然我懂了，男性要在男性支配的環境中競爭是再簡單不過的事，但即使是身經百戰的女性，要做到同樣的事卻難上許多。有科學證據可以證明這個故事的啟示嗎？不如仿效愛倫和戈馬克的做法，檢視一下年紀較小的孩子究竟怎麼了。

有一群九到十歲的小孩要參加四十公尺賽跑；首先，他們要單獨上場，盡可能用最快的速度跑完。接著他們會和跑步速度接近的另一個孩子比賽跑步，這位競爭對手可能是同性或異性。當男生和男生比賽，兩人都會跑得更快；當女生和女生比賽，兩人都會跑得慢一點。不過最耐人尋味的問題應該是，當女生和男生比賽會發生什麼事呢？

即使是第一次單獨跑步的時間紀錄比女生慢的男生，在下一次和女生一對一的比賽中都有七成三的機率獲勝。而如果男生第一次跑步的紀錄稍微優於女生，在對上女生的比賽則有八成三的勝率。根據芝加哥大學的經濟學家的研究，簡單來說，當男生的競爭對手是女生，贏得跑步比賽的機率會大幅上升。[195]

這樣的現象和生理力量無關；有項研究將成人分組，每在電腦上解開一則迷宮謎題全組都可以獲得獎金，結果證明了上述的事實。女性解開的迷宮題數和男性大致相同，但是當規則變成贏者全拿的比賽，情況就生變了。在新的規則下，組別中解開最多迷宮的人可以獲得高額獎金作為獎勵，其他人則什麼都沒有。這時男性的好勝精神占上風，表現也優於女性，平均多解開四個迷宮。

所以，結論就是女性無法面對競爭嗎？別太快下結論。芝加哥大學的經濟學家發現，當女性面對其他女性的競爭，確實會表現得更好，就像男性一樣，於是競爭的性別落差不復存在。[196]這個現象類似於我的劍橋大學同事珍的經歷，在競爭非常激烈的學術環境中女性是少數，她的信心因此遭到削弱，她身為研討會與會者的表現也遭到忽視。喬瑟琳・貝爾・伯奈爾在面對男性更為明目張膽的破壞行為時，依然不屈不撓，實在是令人敬佩。

女性之所以無法取得同等的珍貴信心資源，多半是因為刻板印象威脅、破壞者以及競爭規則不同於男性等不利因素。這時我們該問的問題是——有辦法學會變得更有信心嗎？

8

學會變得有信心

How Confidence Works

好消息是可以，你可以學會變得有信心。信心是一種信念，而信念可以改變。我們從前文的例子得知，信心是一座通往未來的心理橋梁。通常這一類的前景是在現實世界中的有形事物：努力完成的健身訓練、徹底熟練的技能、順利發表的簡報、確實撥出的電話或是成功解決的問題。但如果你想要打造的橋梁通往的地方，是完全只存在於你腦中呢？我現在沒什麼信心——**但我有信心，自己將來會有信心**。很難辦到，但不是不可能。

金的案例

我們在第五章認識了金，在她父母眼中，她一直活在學業優異的哥哥的陰影之下。這個活潑又聰明的年輕女性，從青春期到青年時期都對自己的能力和個人特質缺乏信心，飽受這種侵蝕性的負面狀態所苦。金很有吸引力也很受歡迎，但她自己卻不這麼認為。她會在受邀參加週六晚上的派對之後，在最後一刻因為焦慮感而缺席。在大學課程中一遇到困難的教材，金就會退選——「我不擅長這個」的念頭會在她腦中揮之不去，導致她不願出席那堂課。這樣的狀況在幾門課程重複上演之後，她從大學休學，開始找工作。「無法做到」就是她對自身能力的預設觀念。

申請這個沒什麼意義，他們大概會有幾千個更符合資格的人選吧。這是金看到頂尖企業管理培訓計畫的廣告後產生的想法，儘管這個計畫完全符合她的特質。「無法實現」就是她對潛在機會的標準想法。

金並沒有為生理疾病所苦；確實，沒有參加派對的她會在週六夜晚感到沮喪；確實，當她呆坐父母家中而且還沒有工作，朋友卻在世界各地尋找職業生涯、人際關係和冒險的機會，她會感到焦慮。但她並不是因為某種一般定義的「疾病」而感到痛苦。金被困在自己腦中的孤島，唯一聯外橋梁的兩個跨度——「可以做到」和「可以實現」——都毀損了。

金的父親為女兒安排了朋友公司的面試機會，是個貨真價實的職位而且有升遷機會。金不太情願地答應會去面試，但堅持要自己前往，拒絕讓父母開車接送。結果她錯過火車，面試遲到了一個半小時，最後沒有錄取那份工作。金哭著解釋自己看錯了火車時刻表，盛怒的雙親卻不領情，他們認為她是刻意破壞自己的機會，這深深傷了她的心。這種說法其實完全沒有道理，金的自我破壞行為是無意識的，而不是刻意為之。導致金錯過火車的心智能力就是所謂的自我設限（self-handicapping），這是大腦避免失敗的方法——**他們絕對不會錄取我**——所以有必要保護自尊不受失敗傷害。

金雖然聰明卻無法完全發揮潛力；二〇一四年，路易斯維爾大學（University of Louisville）針對同樣具有潛力但沒有完全發揮的菁英大學學士班學生進行研究，並且證實像金這樣的人確實會透過自我設限來避開失敗的風險。[197]根據他們的學業紀錄，研究人員告訴這些學生他們有很好的資質，接著請他們閱讀兩篇文章的其中之一。半數的學生讀到並且相信的是，資質是一種穩定且「固有」的能力；相對地，另一組學生讀到並認同的是，資質是會隨著動機和努力消長的能力，換言之，就是「可改變的」能力。

兩組學生分別建立不同的心態之後，研究人員請他們解決一些問題。這次有半數拿到的問題確實有解答，而另一半學生拿到的問題則是懸而未決——有時候心理學家就是這麼難應付。所以，在這些無法徹底發揮潛力的學生之中，有五成具備了解決部分問題的成功經驗，另外的五成則歷經了無法解開任何問題的痛苦失敗經驗。於是現在研究人員共有四組研究對象：定型觀念／成功經驗、定型觀念／失敗經驗、改變觀念／成功經驗，以及改變觀念／失敗經驗。

接下來學生要試著解開更多不同類型的問題，不過在此之前，他們還得先完成一份檢查清單，其中列出了他們為什麼無法拿出最佳表現的可能原因，包括考試焦慮、疲勞和疾病等選項，這些都是恐懼失敗時可以用來開脫的可能藉口。想當然，那些在第一輪解題時遭遇失敗而且認為資質是固有能力的學生，列出的藉口比其他同儕都還要多。

此外研究人員還藏了一手，他們告訴學生，比較明亮的光線有助於提升智力表現，並且在解題開始前示範給學生看，可以將房間的亮度從零（最亮）調整到十（全黑）。認為自身能力已經固定而且嘗過失敗滋味的學生，在進行第二次測驗時選擇了平均而言較暗的燈光。這些學生因為害怕失敗，而無意識地預先準備好藉口，這種自我設限的行為就像金錯過火車一樣。

在世界各地，都有像金一樣資質良好的學生，因為自我設限而無法發揮真正的學業潛力。[198]金在學校和大學不準備考試、遲交作業或提早放棄考試，這些行為讓她學會了自我設限。她之所以這麼做，是為了保護自尊不受失敗所苦，而儘管短期而言這種做法也許可以保護自尊，但隨著她一再重複這些行為，她原本有能力達到的成就卻也會因此受阻。

金對於自身能力——當然還有對於自身情緒和特質——的定型心態來自她的雙親，因為他們懷疑金的能力比不上她哥哥的能力。每一次她沒有拿到A、沒有受邀參加派對，或放棄另一種樂器，她的雙親就會同時感到一陣緊張。他們對於金「失敗」的恐懼，更加鞏固了金對自己的定型觀念。面對考試分數偏低，金並沒有更用功念書或向老師尋求協助，而是在心理層面閃避其他指向她的大腦不夠完美的證據。她開始從各個角度懷疑自己，包括對任何事情的毅力、學習新事物的能力，甚至是自己身而為人討人喜歡的程度。金學會了在心理層面逃離「失敗」，她的潛力發展卻因此受阻。

很多人的生活條件比金更不理想，非常容易就會落入定型觀念，而安於卑微的成就。智商是用於衡量大腦素質的公認可靠指標，也可以大致預測兒童在學校和大學的表現。智商可以說是能力定型觀念最典型的例子，而且這個概念對政策制定者的思維帶來了深遠的影響，尤其是英國政治人物鮑里斯．強森。

他在擔任倫敦市長時，曾在演講中指出對抗經濟不平等是徒勞無功，因為有些人的智商太低以至於沒有競爭力。[199]

賓夕法尼亞大學（University of Pennsylvania）在二〇一一年針對超過兩千人進行研究，結果顯示如果有金錢誘因讓受試者在智商測驗拿出好表現，平均可以提高受試者的智商分數十分。這項研究還發現，如果是屬於智商偏低範圍的受試者，分數提升的幅度甚至更為明顯。[200]既然只要用答對問題即可獲得報酬的方式，就能讓一個人的智商上升十分以上，那麼顯然這絕對不是衡量大腦素質的完美指標，鮑里斯．強森對於智商的定型心態也就不攻自破了。

我們可以學會變得有信心，但是有一項不可或缺的先決條件：我們必須**相信**有可能改變。如果我們認為自己的心智素質已經固定，就不會試著去改變，那麼，這種心態有辦法改正嗎？世界聞名的科學期刊《自然》在二〇一九年刊登的一篇研究報告指出，絕對可以。

美國多所頂尖大學的研究人員招募了一萬兩千四百九十位十四至十五歲的學生，分別來自六十五所美國公立學校。這些青少年參與了網路課程，內容是關於智力是可改變而非固定的證據，他們瞭解到智力可以經由努力、學習新策略或尋求協助提升。研究人員用上述的教學內容與類似課程的效果進行比較，後者的主題是大腦，但並沒有特別討論定型心態對比成長心態的觀念。平均而言，上過那一堂成長心態課程的青少年在學校考試的表現明顯更好，其中還有很多學生在隔年選修進階數學課程。[201]

大腦就像肌肉一樣會因為練習變得更強壯，像這樣的簡短解說就足以建立數千名學生的信心。這種效果在成績偏低的學生身上尤其顯著，不僅改善了他們的學業表現，也提升了他們的學習興趣。

金當初其實可以學會變得有信心，但她必須先屏棄有害的觀念，也就是自己的情緒和智力已經固定而且超出她可以控制的範圍。首先，必須要有人告訴她這一點；第二，她必須要相信這一點。那接下來呢？

「踏出第一步就會走出一條路」(The road appears with the first step)

這句話出自十三世紀的波斯詩人魯米（Rumi），呼應了建立信心另一種關鍵做法，也就是我們在第二章首次討論到的「採取行動」。

缺乏信心會讓你更容易感到焦慮，而焦慮感會吞噬自信——這就是典型的「先有雞還是先有蛋」問題。以來自十九個不同國家的三千多名學生為對象的研究發現，人的整體焦慮程度越高，在生活中採取的行動就越少。[202] 只要仔細思考一下，就會發現這項事實並不令人意外。焦慮感源於覺得受到威脅，於是會產生撤退的反應——避免和危險的世界有所接觸。這就是為何金會在最後一刻取消和朋友外出的約定、放棄出席已經報名的瑜伽課，或是應徵工作時半途而廢。相較於比較有信心、沒那麼焦慮的朋友，金到最後採取的行動少了許多。

採取的行動越少，就越沒有機會獲得嶄新體驗、驚喜邂逅，或是達成挑戰後的一絲滿足感。我們先前有談到，在有信心的大腦中，會有一波接一波的獎賞網絡活動，而這些波動幾乎等同於每成功達成一個小目標，就注射一小劑天然的抗焦慮藥物到體內。

Facebook 前營運長雪柔・桑德伯格（Sheryl Sandberg）曾說，信心像肌肉一樣是可以學會運用的。她指出，每一次你強迫自己去做本來害怕嘗試的事——例如在會議中發言——就是在讓肌肉更強健。[203]而且科學可以證實她的說法，就如我們在第一章所看到的，克服困難挑戰是最佳的信心來源之一。

我們先前有談到大腦是如何儲存生理感受的記憶，當我們設法去做令自己害怕的事，相關的直覺會儲存在身體的記憶中，可以幫助我們面對下一次的挑戰。咬緊牙關克服恐懼是建立信心最有效的方法，聽起來倒是容易——只要去做讓你稍微害怕的事就好——也就是經由採取行動累積信心；然而問題在於，人感到焦慮時會很難做到這一點。好消息是，已經有研究發現稍微降低難度的方法。

「比起透過感受讓自己用新的方式去行動，
採取行動讓自己用新的方式去感受容易得多。」

（It is easier to act yourself into a new way of feeling than to feel yourself into a new way of acting）

這句話出自精神科醫師哈利・斯塔克・蘇利文（Harry Stack Sullivan），強調的是踏出第一步的力量，剛好和詩人魯米的建議相互呼應。因為踏上旅程之後，顯現的不只有外在世界的道路，我們內在、情緒的通道也會隨之敞開。通常只要踏出第一步，我們感受到的情緒會和先前設想的不太一樣。

再次強調：信心是我們對將來的自己所下的賭注，等同於是搭建通往未來橋梁。知名的美國教育家約翰・杜威（John Dewey）將這個概念進一步延伸，並說了這段話：「自我並不是天生的，而是經由對行動的選擇而持續成形的產物。」[204] 信心不僅引領我們前往外在世界的新未來，也讓我們的內在世界進入嶄新的未來狀態。這個版本的自我是經由我們所採取的行動和所作的選擇形塑而成，因此，釐清如何採取建立信心所需的行動，也就顯得更加重要。

開始認真做

大多數時候，金的腦中滿是反反覆覆的思緒和懷疑，她擔心自己當天晚上、下個月——甚至明年可能會或可能不會做的事。她煩惱著其他人對自己的看法，也後悔地想著那些取消的會面、放棄的課程、沒去應徵的工作以及半途而廢的課堂。她的大腦裡混雜著自己可能會怎麼做的構思和幻想，但想法在她腦中還來不及成形，恐懼和懷疑就像蒼蠅一樣竄出，徹底吞噬希望，信心的微光還來不及閃現，就消失在蠅群之中。

我在第六章有提到，當女性從審議心態——仔細考量各種行動選項——轉換為執行心態，並規劃出具體的行動方針，她們的信心就會有所提升。維也納大學（University of Vienna）在二〇一四年的研究為這項發現提供了新的觀點：研究人員請受試者審慎思考一個自己尚未想通的抉擇，並且考量處理此事的各種選項，來誘使他們落入審議思維框架。研究人員請另一組受試者為自己決定要執行的計畫命名，並且規劃實踐的方法，來引導他們進入執行思維框架。[205]

接著，研究人員分析了受試者觀看圖片時的眼動狀況，每一張影像的前景都有一種物件，例如船、動物或飛機，並搭配上複雜的背景。由於抱持著「納入各種選項且開放」的態度，屬於審議思維框架的受試者比較有可能會注意到圖片背景的細節；相對地，屬於執行心態的受試者則比較會專注在中央的物件，而沒那麼在乎背景。

清楚自己的目標有助於集中注意力，而這一點有好有壞。就好的一面而言，你不會煩惱該選擇哪一條路，而且明確知道要往目標前進——還有應該是最關鍵的一點——你的大腦不會因為想著各種如果和其他擔憂而分心。至於就壞的那面而言，極為集中的注意力意味著你可能會忽略其他的可能性、風險或相關資訊。你的雙眼直盯著中央的物件，卻沒發現背景中耐人尋味的物件也許會帶著你走上一條有趣的道路，但前提是你要先注意到。

隨著審議思維而來的開放心態雖然是益處，卻有潛在的代價。這是因為開放心態會讓你的大腦同時意識到關於未來的負面思緒以及過去的記憶，所以審議心態會使人以更謹慎和現實的角度看待自己的能力和前景，信心程度自然也會下降。

金把大部分的時間都用在謹慎思考，這樣的心態不停扯她的後腿，剝奪了她的信心。即便有那麼一次，她開始擬定行動方針，也採取了執行思維框架，她很快就會切換回審議心態，來來回回地想著自己該不該繼續。重回這種開放心態之後，金的信心就會崩塌，接著放棄學分、人際關係、課程或應徵流程。她因此變得更加焦慮，導致難以清楚思考和果斷採取行動。

我們已經知道，當女性處於行動導向的執行心態，信心低落的問題就會有所改善。金的臨床心理醫師就是運用這一點，將她拉出不斷苦思人生的孤立巢穴。

心理醫師說服她開始**制定計畫**，也就是把邁向目標的一連串步驟列在她腦海中和在紙上。第一次嘗試時，金把注意力集中在找到工作這個目標上，她寫下達到這項目標所需的每一小步，首先是早上在特定的時間起床，接著為上班穿著打扮，然後打可以幫上忙的電話等等。

在金執行上述的計畫時，她的心理醫師會隨時注意她的進度。一旦金顯露出要落入審議思維的跡象，醫師就會勸她重拾執行心態。接著醫師將這種行動導向、執行計畫的相同做法應用在金生活中的其他領域，包括她的社交生活、學歷目標和休閒活動。漸漸地，金的信心增長，因為在現實世界中採取行動產生了動力和成就感，這些成就像雪球般越滾越大，而且金也發現了自己在生活中各個層面本來就具備的潛力。

然而做好計畫無法保證你一定會做到——像金就付出代價學到了這一課。有一天早上，金突然失去了信心，當時她已經安排好和朋友見面，而且這位朋友也許能幫她找到潛在的工作機會。在赴約之前，金的大腦又陷入審議思維和反覆猶豫，思緒在她腦中不斷打轉，一下想著自己做什麼都無法堅持，一下又想著也許回去讀大學會比較好。這樣的焦慮感產生之後，一切都令人絕望不已，她開始覺得也許待在家會比較好。於是金的朋友收到了熟悉的簡訊：「抱歉，早上覺得很不舒服，今天先不去了。真的抱歉。」金的信心不但沒有因為往前跨出一步而增長，反而因為再往後一步逃避這個世界而消逝。有什麼辦法可以解決這種問題嗎？

研究顯示，一般人的意圖要轉換為具體行為，最高只有兩成到三成的機率。這表示大多數人在大部分的情況下，都因為沒有採取行動而喪失了建立信心的益處。[206]金就是個活生生的例子：前一天睡前她才滿心決定要早起和朋友見面，但是當時候到了，她卻一動也不動。

金在安排後續的會面時採取了不同的做法，她和臨床心理醫師一起規劃約定的**時間**、**地點**和**形式**。除了這些具體細節之外，金加上了一些「如果－那就」的計畫作為輔助，也就是特定狀況發生或沒發生時該怎麼做。

金精確擬定為了會面而要起床的時間、規劃要穿的服裝並且擺出她選的衣服。先完成這些動作意味著當赴約時間到來，她完全不需要思考——因為思考會讓侵蝕信心的審議心態和反覆猶豫趁虛而入。金不僅規劃了要如何搭火車去見朋友，還在查看過時刻表之後，明確知道該搭哪一個班次。她更事先查好從車站到朋友辦公室的路線，並儲存在她的手機上，降低最後一刻打退堂鼓的機率。

如果火車誤點或班次取消，她還是有足夠的時間可以搭下一班車，或是打電話叫計程車——計程車的電話號碼已經儲存在她的手機裡以備不時之需。**如果**她一早醒來覺得毫無希望、自我懷疑並且對這項計畫感到焦慮，**那就**開始用手機聆聽放鬆應用程式十分鐘。然後她會練習緩慢呼吸，她先前得知有助於減緩自己的焦慮感。**如果**金發現自己的專注力正在流失，她會拿出寫好的計畫，並且將注意力集中在計畫上。她會告訴自己，現在不是反覆考慮該做**什麼**的時候——現在是**採取行動**的時刻。

數百項研究顯示，像上述的例子一樣規劃好執行心態的細節，有助於強化生活中各個面向的意圖–行動連結。一些例子包括運動、[207]戒菸、[208]或吃得更健康。[209]這種做法有助於克服焦慮感和其他眾多心理健康問題。[210]

後來金成功和朋友見到面，雖然工作機會沒有成真，但執行計畫後信心稍微增長意味著她可以繼續進行其他計畫。她的計畫總是會仔細列出各種「如果–那就」選項；最後，她有了自己喜歡的新工作。接著金把相同的策略應用在社交和休閒生活。隨著**採取行動**帶來建立信心的效果，她的「可以做到」、「可以實現」信念更加確立，因此她得以實現許多自己在人生中追求的目標。金擺脫了定型心態，有如解開了捆綁在她腳上大半輩子的水泥塊。

駕馭幻想

當金終於逃出她的心理牢籠，她必須決定人生的方向。執行詳細的計畫固然很好，但如果計畫無法幫助你往想要的方向前進，效果就有限。金變得更有信心。不僅在職場上，在人際關係和整體生活上也是如此。然而有時候她還是會有點覺得陷入困境，她會幻想把自己的生活帶往另一個方向——也許是成為搖滾巨星、環遊世界，或攻讀醫學院。

這類白日夢的問題在於，反而會讓你實現幻想的**可能性降低**。舉例來說，參加減重課程的人如果幻想著毫不費力地變苗條，會比那些預料到艱難現實和誘惑的人增加更多體重。抱持現實觀點的人會更有信心自己可以做到，因此比較有可能成功減重。後來同一群研究人員繼續研究接受髖關節置換術的患者：相較於專心做好復元所需術後照護步驟的人，把時間都用在幻想手術結果的患者恢復狀況比較不理想。

幻想就像是信心的「可以實現」要素在沒有「可以做到」的嚴謹規劃下單獨出現。在金的大腦中，成為周遊世界的旅人或知名醫生這種療癒的白日夢，忽略了實現這些計畫所需的複雜和艱難步驟。白日夢誘騙金的大腦進入某種狀態，讓大腦認為不需要為目標努力，因為目標已經達成——至少在幻想中是如此。

所以，應該要勸告金別再幻想人生中的各種選項了嗎？紐約大學的首席研究員歐廷珍（Gabriele Oettingen）發現，不盡然。她提出一種駕馭幻想的新策略，叫做「心智對比」（mental contrasting）。[211]

這種方法背後的秘訣在於，在大腦中將幻想和眼前的現實連結在一起，來讓個人有能量和動力去判斷哪些幻想可行，哪些則必須放棄。

金選擇了環遊世界的點子，並且列出這麼做的主要益處，同時在腦中想像這些好處。接下來，她必須專心列出這個夢想當前的阻礙：金錢、對職業生涯的影響、父母的反對意見，然後她得在腦中想像這些阻礙。

金針對自己幻想中的每一種未來，都進行了以上相當艱難的心智練習。最後她一一決定放棄醫學院和其他幾項目標，因為這項練習讓她的大腦同時考量到幻想和現實。不過另一項計畫開始有了雛形，也就是找到一份可以出差的工作，而且也許可以在其他國家停留一段時間。現在金想要環遊世界的想法經過調整，一項讓她熱血沸騰又充滿動力的計畫就此成形。她已經會轉換成執行心態，而且在「如果－那就」計畫的輔助下，成功在現實中達成她的夢想。最後她進入一間跨國科技公司工作，並且調動到紐約辦公室兩年。

那麼這個方法究竟是怎麼對她的大腦產生效果？絕對不只是因為有「正向思考的力量」，其實應該是反過來才對。為了清楚說明這一點，我們可以思考一下是什麼因素會導致金**比較難以**達到目前的成就。歐廷珍指出，單純沉溺在對未來的正向幻想中，而沒有與現實相互對比，實際上就是會降低實現目標的機率。其次，把心智對比的順序顛倒過來的人也比較不容易達成目標。歐廷珍的研究顯示，如果當初金先想到的是阻礙，接下來才想到益處，可能就無法獲得動力來實現她現在達成的目標。

因此，心智對比並不是一般的「正向思考」方式。事實上，錯誤的正向思考形式如沉溺（忽略阻礙的幻想）和顛倒（先想到阻礙才開始幻想好處），都會造成相反的效果。幻想與現實在金的大腦中相互對照，有助於她擬定出可行的目標，讓她能夠有信心地為目標努力。這表示幻想不再與現實脫節，畢竟幻想通常都是如此。在這種狀態下，幻想和隨之而來令人熱血沸騰、充滿動力等效果都在金的大腦裡發揮作用，不過最關鍵的是，大腦同時也意識到當前現實中的阻礙。

這時信心就開始產生影響力：當金在考慮攻讀醫學，腦中浮現這麼做會遇到的種種阻礙，她發現自己沒有信心可以實現這個目標，無論是就財務或學業層面而言。於是，與其浪費數小時——甚至數天——幻想成為醫生，也就是她過去多年來在做的事，她終於拋下這個不切實際的目標。這項心智練習讓金專注在另一個幻想：環遊世界。她首先運用心智對比來喚出腦海中的美好畫面，例如印度的大象和泰國的海灘，接著再喚出沉重的畫面，像是銀行帳戶餘額有限、職業生涯和家庭方面的限制。

幸好，透過和臨床心理醫師合作，金找到方法變得更有信心，包括在職場上和社交上，因此她可以看出有哪些路線能夠克服障礙，來實現環遊世界的夢想。這種在腦中以幻想的未來為基礎，並且以沉重的現實為輔，讓金能夠將自己的夢想調整成比較可行的目標。如此一來，她就能運用執行心態中建立信心的特性。

幻想在單獨存在的情況下會讓人的能量消失殆盡，因為大腦以為目標已經達成。相對地，心智對比則能帶給人能量和動力，證據就是人為了要準備好採取行動達成目標，脈搏和血壓會因此些微提升。如果單純沉溺在幻想中而沒有進行心智對比，人的血壓就會降低，能量也會逐漸喪失。單純的幻想只會誘騙大腦目標已經完成。[212]

事實上，在進行心智對比的過程中，金的大腦已經產生了改變。二〇一一年，康斯坦茨（University of Konstanz）的研究人員採用一種叫做腦磁波儀（magnetoencephalography，MEG）的技術，觀察到相較於單純的幻想，心智對比更能促進大腦重要區塊的活動。這些區塊的功能包括形成意圖、提取記憶、協調思緒和記憶，以及產生視覺心像。

當金在思考自己的未來，不只她的心臟跳動得更快，大腦的活動也更加活躍，包括在制定計畫的同時從記憶中提取過去經驗，並且和未來可能樣貌的鮮明畫面相互整合。

應對信心破壞者

儘管金的信心有所提升，卻還是會遇上困難，其中之一就是她的性別。如我們先前討論過的，女性做得到和做不到什麼事的刻板印象，會大幅削弱女性的表現和信心。金沒有長期伴侶，但有一位哥哥，而對她的信心造成明顯傷害的人就是哥哥，雖然他可能沒有意識到這一點

在哥哥眼中，當他告誡金不該搬離老家所在的城市，其實是在保護她。對他來說，金的情緒很脆弱，而他和兄妹倆的雙親一樣，都自以為地認定金就是很容易失敗，而且不停強調這一點。這種看待失敗的負面態度，正是金對自身能力和情緒抱持定型心態的主要原因，更變成束縛她多年的沉重心理枷鎖。

金和哥哥感情很好，但他們之間的關係卻因為哥哥無意識地要求她成為不足和脆弱的一方而變得複雜。金的失敗讓他的成就顯得更穩固，他也因為雙親在他腦中深植的觀念而害怕失敗。對於金來說，這樣的關係無助於建立信心，手足間的深刻情感讓她比較難以看清這段關係中的實際狀況，雙方的溫暖互動更讓她難以在情緒上擺脫吞噬她的信心的哥哥。

最後，金在錄取新工作並搬到另一個城市之後，設法逃離了這種無意識的破壞行為。她注意到自己和哥哥的關係在某個層面上變得比較冷淡，因為她已經不再滿足他的情緒需求，也就是扮演不足和脆弱的一方。至於哥哥則發現金展現出有信心且獨立的全新面貌，對自己的情緒造成了威脅。

家庭中的關係——當然還有職場上或朋友圈的關係——有助於強化自主性和建立信心，但這些關係也可能會破壞信心。不論是長年以來蠶食個人信心的家長、手足、朋友或伴侶，又或是同事或上司，人際關係都會影響人的自我信念，進而影響表現。

如果有人在情緒層面需要你的程度多於你需要對方，你就是處於握有權力的位置，因此會讓你覺得更有信心。而對方則會處於相對沒有權力的位置，所以對方的信心自然會降低。但是有很多類型的關係比較複雜，金和哥哥的關係就是一個例子。

金的哥哥並不如他外在自信形象所呈現的那麼有信心和情緒獨立，而他的解決方法就是去破壞金的信心。妹妹缺乏自信以至於需要向他尋求支持和慰藉，反而可以幫助他維持在某方面相當脆弱的自信。然而不論就哪一種關係而言，這都不是穩固的基礎。

如果要學會變得更有自信，其中一項關鍵作業就是要審視在自己的生活中，誰有助於你強化信心，誰又是信心破壞者。辨識出破壞者之後該怎麼做則是另一回事。家庭通常是建立在這類關係之上，而試圖改變家人的天性可能會引發整個家庭的反彈。

金的雙親面對失敗的態度，等於是在向她灌輸自身能力無法改變（而且偏低）的觀念。失敗象徵的是金有問題，而不是可以從中學習並且成功克服的挑戰。這意味著，身為成功人士的他們，也同樣對於通往成人世界成就一路上的起起落落感到不安。正因如此，他們「把階梯藏了起來」，也就是幾乎所有人的生涯中都無可避免遇到的困難、失敗和單純運氣好。

「隱藏階梯」是臨床心理醫師費歐娜・奧多蒂（Fiona O'Doherty）新創的詞

語，指的是有些小孩在成長過程中都誤以為，雙親之所以成功是因為天生具有才能；也就是與生俱來而且無法改變的命運，這些孩子沒有想到成功是源於歷經失敗而不放棄、努力和單純的運氣。如果是用這種心態看待雙親的能力，孩子就會看不到通往同等成就的階梯。

金會覺得自己很失敗，是因為看到雙親對她的學校表現感到憂心。不過，他們對金隱瞞了自己在人生進程中所遭遇的不確定風險和障礙，很有可能是出於好意，卻對金沒有任何幫助。相對地，他們表現出的樣子，就像是天生有才能所以毫不費力就成功的人，在金的眼裡，自己當前所處的狀態和那種等級的成就之間完全沒有任何連結的途徑。若要讓孩子變得有信心，有幫助的做法是雙親應該要坦承自己曾經爬過的階梯，並且成為孩子眼中堅持克服失敗和焦慮感的榜樣。

信心破壞者不只出現在家庭中，任何職場都能發現這種人的身影，也許是嫉妒心發作而不停誹謗人的同事，或是瞧不起人的上司對著後起之秀明褒暗貶。這是因為破壞他人的信心，會讓人有權力高於對方的感覺，而權力對於大腦的獎賞網絡有強大的振奮心情效果，就像藥物一樣。所以，務必要與有助於強化信心的人交流，並且盡量避開破壞者。但光是做到這一點就需要信心，那麼還有什麼其他方式可以培養信心嗎？

開始仔細在腦中回憶畫面，最近有什麼情境可以突顯出你如此重視人際關係的原因。也許是溫馨的對話、朋友的感謝之意，或是撫慰人心的擁抱。重點在於回憶細節處，並且盡可能重現當時的情景和動人感受。現在思考一下你人生中的其他重要的人際關係，回想那些和朋友及家人共度的美好時光，也想像一下未來如果有這樣的相遇機會，又會是什麼樣子。

你剛才完成的就是自我肯定的練習，亦即將你最珍視的價值相關的思緒、記憶和情緒全都集中在腦海裡。賓夕法尼亞大學的研究人員在二〇一六年拍攝的腦部顯影顯示，大腦在自我肯定的狀態下會呈現獨特活動模式。[213]思考自我時不可或缺的大腦網絡——內側額葉皮質（medial frontal cortex）和後扣帶回皮質（posterior cingulate cortex）——會變得更加活躍；負責產生正面感受和動力的獎賞網絡——腹側紋狀體和腹側中央前額葉皮質（ventromedial prefrontal cortex）——也有活動的跡象。思考自我和提振心情這兩種大腦活動結合在一起，理應會讓你感到更有自信，[214]有數百項研究都已經證實這一點。

金在失去信心或遭到輕視時，會運用這種自我肯定的技巧。舉例來說，在一次極為傷自尊的對話中，哥哥嘲笑她想環遊世界的渴望。「想都別想了，妳根本做不到。」他不當一回事地迸出這句話。在過去，金的內心會感到退縮，並且帶著自覺悲慘又渺小的心態躲回房間；但現在，她會使盡全力迫使自己想起她的核心價值。她是大方又討人喜歡的朋友，不僅很有幽默感，還非常關心家人，就算家裡有各種風風雨雨。這種心理層面的努力改變了她的心智和大腦狀態，要擺脫慣性的負面思考和隨之而來的情緒，並喚出上述的正向思緒和記憶並不容易，但她做到了。

當人的自尊受到威脅，自我肯定就會發揮作用，這就是為何人會因此更有信心地改變自己的生活形態來促進健康。健康資訊通常都有威脅自尊的效果：**吸菸會提高罹患肺癌的機率；活動量低且過重的人容易早死**等等。有吸菸習慣或不常運動且過重的人，對於這類資訊經常會產生防衛心，並且在心理上逃避面對這些現實，不改變自身行為。不過，如果他們在聽到具有威脅性的健康資訊之前，先進入自我肯定的狀態，他們的大腦就會出現比較正面的反應。他們聽到不運動的風險時，不會再抱持抗拒的心態，同時他們位於腹側中央前額葉皮質的思考自我網絡會開始活動，接著促使他們提升運動量。[215]

自我肯定可以大幅降低血液中壓力荷爾蒙皮質醇的濃度。[216]而也許更重要的一點是，研究顯示長期承受壓力的學生如果處於自我肯定的狀態，比較能夠清楚思考和順利解開困難的問題。[217]自我肯定有助於金的大腦切換至較不焦慮、更行動導向且低防衛心的模式。

捍衛自尊需要耗費龐大的心理能量，因此沒有剩下多少能量可以處理造成威脅的問題。自我肯定會放大注意力的範圍，讓你不會只看到眼前的威脅，也讓你的大腦可以喚出正面的記憶，不受限在覺得有威脅的狀態。

舉例來說，金自認在學業上很失敗，導致大腦只專注於羞愧和失望的記憶。不過在進入自我肯定的狀態後，她的注意力範圍擴大了，而且能夠看清自己的強項和價值。金因此能夠自由地喚出信心來採取行動，而這樣的信心之所以比較容易形成，是因為有透過自我肯定啟動的獎賞網絡，加上把焦點集中在成功而不是失敗的記憶系統。

人類大腦在應對錯誤時會產生一連串的活動，可以從腦電圖（electroencephalography，EEG）中觀察到，這種訊號叫做錯誤相關負波（error-related negativity，ERN）。這是一種很有用的訊號，可以讓我們瞬間把注意力轉向錯誤，並且產生情緒反應。這樣一來，我們就比較有可能從中學習，而不是重蹈覆轍。要讓我們的自尊從錯誤中學習並不容易，因為人類對於自認優於平均有極為強烈的需求。在防衛心強烈的人腦中，ERN會發揮「失敗訊號」功能，因此會讓人在心理上產生抗拒。

多倫多大學的研究人員讓學生接受測驗，要對螢幕上的特定形狀迅速作出反應，但是必須避免按到其他形狀。如果對錯誤的形狀作出反應，螢幕上就會出現刺眼且威脅自尊的「錯誤！」字眼。[218]在接受測驗之前，半數的受試者處於自我肯定的狀態。令人訝異的是，因為自我肯定而防衛心沒那麼強烈的學生和另一組比起來，犯下錯誤之後產生的ERN腦波明顯許多。這些學生的大腦比較能接受失敗，所以也比較能從錯誤中學習。

有一類主要的信心來源是即使遇到失敗和挫折也堅持不懈。如果我們的自尊防衛心過高，就會逃避失敗，信心也跟著受挫。自我肯定讓我們更能容忍挫折、失敗和錯誤，因此有助於建立信心。

破壞他人信心的人通常都是為了支撐自己的自尊，出現這種狀況時，很容易就會落入相互攻擊自尊的惡性循環。華盛頓大學（University of Washington）的約翰·高特曼（John Gottman）是婚姻關係領域的知名專家，他發現防衛心是婚姻不和——最後演變成離婚的一大預測指標。[219]在這種防衛心強烈的關係中，經常會有針鋒相對的惡性循環，而切換成肯定狀態有助於瓦解這種循環；例如出其不意地稱讚對方，或是表達尊重。信心破壞者在受到肯定時，也許會因為獲得了保護自尊的盔甲，而放下強烈的防衛心。

當自尊受到威脅，自我肯定的效果最為明顯。如我們先前討論到的，女性與男性在數學或物理等科目上競爭時，會面臨刻板印象威脅造成的逆風。二〇一〇年的一項研究大幅降低了男性與女性的物理表現落差，方法就是請女性在為期十五週的物理課程期間，進行兩次自我肯定的練習。[220]最認同「就我自己個人的觀念，男性通常會比女性擅長物理」的女性，因為肯定練習而獲益的效果最佳。在說出自我肯定的話語時，她們肯定的不是物理的價值，而是她們最珍視的事物，例如人際關係。這有助於提振信心，因此她們的物理表現也隨之提升，靠的就是降低負面刻板印象對於女性表現所造成的心智耗損。

資深參議員及前美國總統候選人伊莉莎白・華倫（Elizabeth Warren）的發言就證實了這一點；她在一場畢業典禮演說中提到，不論其他人的想法如何，知道該用什麼定義自己，就是協助一個人發掘新機會和面對挫折的羅盤。她指出，在自己心中肯定這些價值，就能像船艇的中央板一樣穩住自己。[221]

在二〇一九年的一項研究中，美國青少年如果肯定自己相信的價值，在學業表現上也會大幅進步。[222]這種效果在因為社會或種族背景而受到威脅的孩童身上最為明顯——奮力對抗偏見逆風的人最能發揮自我肯定的效果。承受偏見會令人感到有壓力，而壓力則會侵蝕自信。肯定自己相信的價值會在人與壓力之間形成緩衝，也會讓人更聰明。[223]堅守自己人生中最重要的價值，並由此定義自己是誰，是學會變得更有信心的一大步驟，而如何為自己設定目標則是另一個關鍵步驟。

設定目標與舒適圈

Yahoo! 前執行長梅麗莎・梅爾（Marissa Mayer）曾說，她成功的秘訣之一就是去做自己覺得還沒準備充分的事。她覺得自己經由一小步一小步地走向不確定，成長並學到許多關於自己的事，也發現有時候意料之外的好事會隨之而來。[224]

從梅爾的經驗可以看出學會變得有信心的其中一種路線：設定有助於自己突破極限的目標，既不會太簡單，也不會過度困難。我們都知道，信心源於成功，尤其是克服艱難挑戰後的成功。梅爾從親身經歷學到這一點，她不會等待自己覺得完全準備好才採取行動，而是突破自己的極限。不過她很清楚該如何判斷目標，以確保自己有機會達成。

男性比女性更願意去做那些——借用梅爾的說法——「有點沒準備好」的事。有一則杜撰的故事是關於工作廣告列出了人選必須符合的六項條件，女性求職者只符合其中五項，所以沒有去應徵，而符合其中三項的男性卻還是去應徵並且得到這份工作。想當然，兩者之間的差異就是信心。

人生為每個人都設下重重挑戰。研究顯示，相較於曾經面對一些中度負面經驗的人，年輕時期幾乎或完全沒有經歷過逆境的人，最後在情緒層面會較為脆弱且較沒有信心。[225]這些沒有逆境經驗的個人就像是因為家長沒有讓他們接種疫苗而感染麻疹；疫苗讓人體的免疫系統學會辨識和攻擊病原體，逆境疫苗則讓人的大腦學會辨識和應對焦慮感。

若要從逆境中獲益，必須具備兩個條件。首先，你需要覺得自己握有部分的控制權——換句話說，不論你經歷過什麼，你都相信自己可以做到某些事情（在外在或內在世界），來改善自己當前和未來的身心狀態。第二，你必須願意從失敗中學習而且不逃避失敗。

在保護弱勢的人不受憂鬱和焦慮所苦時，控制感是相當關鍵的要素。擁有控制感的人，大腦中的海馬迴記憶中樞比較健康。[226]控制感以及隨之而來的信心，可以抑制一波又一波損傷海馬迴的壓力荷爾蒙皮質醇，進而幫助大腦緩衝壓力。

金找到自己的方向和信心之前，多年來從未覺得能控制自己的生活。自覺沒有控制權會讓你感到焦慮，而如果你認為這種焦慮感是一種健康問題，因此不受自己的控制，那麼就可能會發生惡性循環——這就是發生在金身上的狀況。不過，對她來說最困難的是學會擔心少一點。擔憂是很折磨人的心理成癮現象，具有強大的吸引力，因為人會因此以為自己握有控制權。[227]金會一而再、再而三地反覆想著她對未來的恐懼——我真的有辦法離開家裡嗎？——而且她還會對過去悔恨不已——我不該在最後一刻取消度假行程讓他們失望的。雖然她沒有意識到這一點，但擔憂取代了行動。在金的腦中深處有個錯誤觀念：只要她對某件事煩惱得夠多，就能奇蹟似地避免那件事發生。

金學會了區分自己可以控制和無法控制的事，來避開這種擔憂陷阱。當她擔心的是自己可以控制的事，例如找到新工作，她就會將這種憂慮連結到具體的行動，並且以小型明確目標的形式實現。達成這些小目標非常有助於建立她的信心，並且讓她感覺更能控制自己的焦慮感。

儘管金之所以難以面對失敗，是因為她的定型心態，她的哥哥卻也以自己的方式為相同的問題所苦，這就是為什麼他很適合做為家中的失敗避雷針。

在二十幾歲後半，金的哥哥面臨職場生活的殘酷現實，認知到難以百分之百成功後，他有一段時間陷入情緒不穩的狀態。對他來說，焦慮是全新又嚇人的體驗。由於他從未接種過焦慮疫苗，這種感受讓他受到驚嚇，不得不向醫生尋求「治療方法」，畢竟他只能用定型心態來解決這個問題。諷刺的是，隨著兩兄妹邁入三十歲，金成了兩人之中比較有信心和情緒安定的那一方。

設定目標並且達成目標是變得更有信心的關鍵要素；設定過於簡單的目標無法產生成功的「激動感」，也無法累積信心，但是太遙遠或太困難的目標則注定會失敗和讓人失去動力。這就是為什麼完美主義者很難變得有信心。完美主義者腦中有個如同家長的聲音，通常會將普通的成就貶低得毫無價值，因此令人動力盡失。若要讓信心成長，就必須要接受像失敗這樣的不完美並從中學習，而不是恐懼和逃避。

金還學到了信心的另一項要點：目標必須是**你心中**真正的目標。金的雙親根據哥哥的路線為她所設定的成就目標，對她造成了沉重的負擔。但在心智對比技巧的輔助下，她開始能夠找出什麼是自己的目標，又有哪些是有可能達成的目標。在此之前，金苦於無法在學校成為班上第一名，或在大學成為成績全A的好學生，也就是像她哥哥一樣。但這些並不是真正的目標，因為重點不在於和他人比較。需要擊敗他人最大的問題就在於，永遠都會有比你更優秀的人存在，這種比較型的目標就是焦慮感和恐懼失敗的源頭。

首爾高麗大學（Korea University）在二〇一四年的研究觀察了學生大腦內的

狀態，對象是為自己設下比較型目標的學生，就像年輕時期的金一樣。研究人員將「精通導向」的學生當作對照組，這些學生的動力主要源自更嫻熟掌握自己的所學，而不是與他人競爭。第一組學生認同的說法包括：**我認為自己必須在這份作業上表現得比其他人好**；而第二組學生的比較支持以下的說法：**我認為自己必須要盡可能地透徹理解這份作業的內容**。

學生躺在 fMRI 掃描儀器中的同時，必須解開不同難度的問題，而且會隨即得知自己對每一題的回答是否正確。精通導向的學生在答錯之後，影像顯示他們大腦的前額葉皮質出現一陣活動，這表示他們在試著處理錯誤，並且思考自己在哪裡犯了錯。至於動力是來自與他人比較的學生，他們的前額葉皮質活動明顯降低，表示他們在心智層面有自我封閉和退縮的現象，而沒有理解自己的錯誤。前一組學生會從錯誤中學習，並在將來修正之後增長信心，後一組學生則做不到。228

金在後一組的學生身上看到自己的影子，不過歷經多年的恐懼和自覺失敗之後，她學會了根據自己獨有的需求設定目標。金並不在乎自己相對於他人的排名——她是用**自己的**標準設定自己的目標。因此，金在達到自己定義的目標之後，體驗到了建立信心的成效。就像那些精通導向的韓國學生一樣，現在金可以從挫折中學習，這也幫助她變得越來越有自信。接著她把這套做法應用在自己的社交生活，學會不再在乎某些人有多受歡迎，而是把注意力都放在自己所擁有的一小群親近朋友。

假裝直到成真？

「只要相信自己就對了。就算你不相信，也要假裝相信，等時間到了，你就會真的相信。」[229]

這是大威廉絲在二〇一三年對 ABC News 所說的話。成功人士常常這麼說，但這背後有科學證據嗎？而這種偽裝看起來又是什麼樣子？有段時間，大家以為重點在於肢體動作。根據哥倫比亞和哈佛大學研究人員的「權力姿態」（power posing）研究，向外擴展、看似有信心的權力姿態——雙腿向外張開、雙臂刻意往身旁延伸或置於髖部——會讓人更有自信，因為這麼做會提升人體內的睪固酮濃度，但這些發現並沒有在其他的研究中重現。[230]

在這項研究問世之前，就有許多政治人物和商界領袖在演講時把雙腿距離拉大，並且像中世紀的哨兵般把肩膀往後收。二〇一八年薩吉德・賈偉德（Sajid

Javid）在就任英國財政大臣（Chancellor of the Exchequer）的第一天，就擺出這種極端的姿態，結果引起眾人訕笑。[231]

那麼，大威廉絲的說法究竟有幾成屬實呢？我們在先前有討論過，比起透過感受讓自己用新的方式去行動，採取行動讓自己用新的方式去感受通常會容易得多。如果說，在不確定是否能成功的情況下離開舒適圈是一種「假裝」，那麼沒錯，你確實可以假裝直到成真。二〇二〇年一份探討各種姿態研究的論文顯示，在空間中延展身體如雙腿跨開的站姿，或是展開肩膀和雙臂，都完全無法提振信心。然而，這份論文的結論指出，縮小姿態如雙臂交疊、低頭、駝背和雙腿交叉，都會明顯減損人的信心。[232]

權力姿態未必能增強信心，但在承受壓力的情況下抬頭挺胸，並且避免駝背和讓自己顯得弱小，則有助於你保持有信心的狀態。此外，相較於穿著隨興時，當人穿著正式服裝比較能夠進行抽象思考，因為穿上這樣的衣著會讓人覺得自己更有權力。[233]西北大學研究人員在二〇一二年的研究顯示，單是穿上實驗室白袍就足以提升集中注意力和專注的能力。[234]

所以，「假裝」出信心的外顯樣貌確實有一些效果，但是只做表面工夫並不足夠。金是透過改變自己的思考方式，並且在真實世界中採取行動，才漸漸學會變得有信心。打扮得時尚俐落也有幫助，其他有效的方法還包括比內心實際感受更有信心地微笑、直視對方的眼神，以及抑制想要縮小自己的衝動，然而再怎麼關注時尚或堅持大膽的眼神接觸，都無法取代金在思維上的改變。

尋求再保證

金總是在追求再保證（reassurance），甚至演變成根深柢固的習慣，幾乎在每一次的互動都會上演。**希望我沒有表現得太衝……這樣說有道理嗎……如果我在胡說八道的話請提醒我一下……希望我說的話沒有讓你覺得無聊……**表面上，這些可能都看似是正常的徵詢意見，有助於讓人成為與他人相處融洽的好朋友或好同事。然而即便這有部分屬實，不停尋求再保證的個人其實需要付出更多代價。這種行為之所以對信心造成巨大損害，是因為焦慮感會藉此延續下去。

尋求再保證可以減緩一時的焦慮感，但長期而言卻會導致焦慮惡化。[235]金的長期自我懷疑意味著每一次對話之後，她都會在腦中重新思考每一個詞彙，擔心自己可能說了什麼蠢話。這種反覆思量導致她感到焦慮，所以為了遏止焦慮感，她想要尋求再保證，也許是向談話對象，更有可能的是向朋友問道：「你覺得我是不是不該對她說那種話？我覺得她可能不喜歡我。」

通常，朋友會對她再次保證：「不，才不是這樣，她真的很喜歡妳。」這時金會覺得沒那麼焦慮，但這只是暫時的。接下來，懷疑會不著痕跡地重回陣地，於是她想要尋求更多再保證，而在如她所願之後，焦慮感又再一次消退，但隨即又會回來報仇。最後再保證成了一種習慣，每一次金得到保證，大腦就會獲得一丁點的獎賞，也就是減緩焦慮帶來的痛苦感受。然而這只是暫時的，沒多久她就會需要更多再保證，才能獲得同等程度的「快感」。這就像大部分的習慣一樣，每一次獲得的獎賞都會遞減。

以缺乏信心的個人而言，過度尋求再保證可能會成為主要的心理狀態，導致他們越來越焦慮和越來越沒有信心。單是做出尋求再保證這樣的行為，就足以加劇焦慮感和導致心情低落，進而破壞信心。

過度尋求再保證可能會滲透到人際關係之中——如果她這麼懷疑自己，也許她真的值得懷疑？我們在本書中看過眾多例子，信心具有傳染性，但自我懷疑也是如此。

如果說信心是說服力的來源，那麼自我懷疑就可以說是具有相反的效果，會反向說服其他人不要相信你。在金邁向更有信心的旅途中，學會緊閉雙唇並停止尋求再保證，是過程中的一大學習障礙。隨著時間過去，金發現除了尋求再保證的習慣之外，她還有很多其他透露出自我懷疑的習慣，因此很難擺脫自我懷疑的心態。以下是一些她漸漸意識到的行為模式：

過度頻繁道歉——抱歉，我弄得一團亂……抱歉，我應該要早點打電話的。

拒絕接受稱讚——噢我的天啊，那只是運氣好而已。

在句子最後提高音調，讓自己的話聽起來像問句。

即使是很小的決定也會推遲，因為不確定自己的選擇是否正確。

自我貶低的笑話——我真是大白痴——我就是這樣亂七八糟的。

金必須要杜絕這些習慣，於是當她沒有因為某些根本不存在的失禮行為道歉，但卻感到焦慮時，她會迫使自己忍受一時的焦慮感。她學會在有人稱讚時微笑和道謝，她不再把每句話都說得像是問句；她學會愛上自己的抉擇——這個選擇沒錯，因為作決定的是我；她也不再用自我貶低的笑話來抵禦想像中的批評。

以上大部分的習慣其實都是在尋求再保證，只是形式不同，而金已經依賴這種行為太久了。如果你太常使用拐杖，腿部肌肉就會萎縮，心理層面的拐杖對於

9

過度自信

一九七八年五月二十五日，三萬名足球球迷興奮地蜂擁前往格拉斯哥（Glasgow）的漢普頓公園球場（Hampden Stadium）入口，就為了要一睹國家足球隊的風采，他們汗涔涔的手緊抓著昂貴的門票。伴隨著名的「漢普頓式歡呼」，球隊踏上球場，但不是為了比賽。不，球迷來到這裡，先是為了一睹球隊教練——艾利・麥克勞德（Ally MacLeod）——接著才是球員，他們通過列隊迎接的兩排女子樂隊，一一走進球場，全場爆發熱烈掌聲。接著教練和球員搭上雙層露天巴士，繞行球場一周後再次離場，前往在阿根廷舉辦的世界盃決賽。

「我想要證明自己是世界上最優秀的領隊。」麥克勞德在一年前如此吹噓。當記者問他在蘇格蘭贏得世界盃之後有什麼計畫，他回答：「留住獎盃。」在阿根廷上演的結果不如預期，蘇格蘭第一輪敗給秘魯，接著和伊朗戰成平手。接下來，雖然對上荷蘭時取得了歷史性的勝利，蘇格蘭還是無緣晉級，只能灰頭土臉地返國。問題不在於蘇格蘭是很弱的隊伍，他們有辦法擊敗強大的荷蘭隊就證明了這一點；問題也不在於缺乏信心。顯然，他們的領隊像打發奶油一樣，把整個球隊變成了一團信心過剩的泡沫。

艾利・麥克勞德就是大家口中的那種「吹牛大王」（bullshitter），這種常見的人格類型甚至有人專門進行學術研究。[236]例如有一項以教育成就為主題的國際調查，請青少年回答他們是否熟知清單中的十六種數學概念，例如**算術平均數**、**餘弦**和**一次方程式**。大部分的小數學家在這個階段都表現不錯，不過研究人員在調查內容中偷偷混入了三種不存在的術語：宣告式分數（declarative fractions）、假設比例（subjunctive scaling）和正確數字（proper number）。受訪的青少年必須回答自己有多熟悉以上各個術語，以及對術語的理解程度，量表的一端是「完全沒聽過」，中間是「相當瞭解」，另一端則是「徹底瞭解」。青少年的答案代表的是吹牛的程度——也就是一個人多有信心地宣稱自己理解一個不可能聽過的概念，因為這種概念根本不存在。

不出所料，男學生比女學生更會吹牛，在調查中全部九個英語國家都是如此。較富有的孩子也比較貧困的孩子更會吹牛；北美青少年的吹牛傾向比蘇格蘭和愛爾蘭的青少年明顯許多，英國、紐西蘭和澳洲的青少年則位居中間。

這項發現突顯出信心的另一個面向，由此可知有吹牛傾向的青少年對於解決實務問題比較有信心。除了誇大自己的數學知識，比起沒有吹牛的同儕，這些青少年也認為自己在學校比較受歡迎，而且他們面對困難的問題更能堅持下去。換言之，他們比沒有吹牛的同儕更有自信，而就如我們先前討論過的，自信具有強大的自證特性。

不過如果你是外科醫師、金融交易員或卡車司機，就得知道自己的能力極限，必須極力避免因過度自信而做出超出能力的舉動。康乃爾大學的研究人員在一九九九年揭露了發人深省的事實：一個人的能力越低，就越容易高估自己的技術。[237]差勁的外科醫師對自己的評價高於實際狀況，而優秀的外科醫師則比較不會高估自己的技術。人的才智越低，就越容易高估自己的程度；大多數人都認為自己是優於平均的駕駛；還有，如果你最近看了自己為數不多的退休基金而擔憂，別忘了這個可悲的事實：七成四的基金管理人都認為自己的投資績效高於平均。[238]

在我們稱之為信心的概念中，本質上存在著矛盾之處。我們對未來的信念和不斷前進的動力，都是建立在過度樂觀之上，不論是對於可以實現目標的可能性，還是我們自己「可以做到」的能力。相較於不憂鬱的人，有輕微憂鬱症狀的人會對不確定的未來事件作出比較實際的預測。[239]換句話說，「健康」的常態是建立在對於未來和自身能力有一定程度的自欺欺人，也就是所謂的信心。較嚴重的憂鬱狀態則會導致預測偏向與不切實際相反的方向，也就是悲觀。在正常、相對健康的人生中，我們稱之為信心的這種樂觀偏見，會誘使我們採取本來不會嘗試的行動。而且通常都會很有效，因為這些常見的妄想有助於實現目標。

不過，過度自信既然有益處，自然也有其代價。

遭到截肢的腿

外科醫師快速走進診間，白袍在他身後飄動。護理師緊張地在患者身邊快速進行處置，而在他快速掃視大量紀錄的同時，初級醫生侷促不安地含糊回答他的大聲提問。外科醫師迅速掀起被單讓患者的雙腿露出，用手和雙眼簡單檢查之後，最後終於用慈善的態度對著病床上的男性問道：

「還好嗎？」

患者因為被問話而露出驚嚇的表情，漸漸轉變成一頭霧水又順從的樣子。

「還好……謝謝……」

「會痛嗎？」

患者又嚇了一跳。「抱、抱歉？」

「你的腿——會痛嗎？」

「噢，會、會痛。」

「所以你知道必須截肢嗎？」

患者憔悴的臉龐突然變得陰沉。「那是另外一個醫生……說的，但是……」

「很好——我來處理。明天做手術。」

外科醫師轉身離開的瞬間，白袍像氣球一樣膨起，初級醫生手忙腳亂地跟上。

隔天一早，手術界的大師迅速踏上他的舞台，熟練地完成截肢手術。但是截錯了──被截下的是健康的那隻腿，外科醫師只能在一個月後再對另一腿進行截肢手術。

以上的事件是根據事實改編而成的故事，其中所描繪的狀況是相當過時的醫療措施，許多國家都設法透過改革醫學訓練和醫院營運方針來改變這種現象。然而，一項二〇一六年的研究在結論指出，醫療疏失是美國第三大死因，僅次於心臟疾病和癌症，[240]其他國家的研究也得出類似的結論。這類疏失包括羅德島州（Rhode Island）的一間醫院為患者進行開腦手術卻開錯邊，而且一年之內發生至少三次。[241]當然，醫生會犯錯──人人都會犯錯，但比起大部分的人，醫生犯錯所引發的後果嚴重多了，而主因之一就是過度自信。[242]

話雖如此，政治領袖過度自信所引發的後果更嚴重，甚至有引爆戰爭的可能。舉例來說，一九八〇年薩達姆．海珊（Saddam Hussein）把伊拉克帶向長達八年與伊朗的毀滅性戰爭。他高估了自己的軍事力量，也低估了伊朗的戰力，最後導致二百萬人死亡，還有數百萬人身受重傷。[243]如果能在初期談和，對兩個國家都有利，基本上幾乎所有戰爭都是如此。但是過度自信的政治領袖卻對衝突的可能後果過度樂觀，他們因為虛幻的優越感而不願認清殘酷的現實和可能性。[244]

不過問題就在這裡：過度自信是一種虛張聲勢，而虛張聲勢有時候真的有用。

根據歷史學家多明尼克．強森（Dominic Johnson）在著作《過度自信和戰爭》（*Overconfidence and War*）中所述，一五三二年十一月十六日，西班牙征服者法蘭西斯克．皮澤洛（Francisco Pizarro）和一百六十八名西班牙士兵面對的是八萬印加帝國大軍。一位見證當時情況的西班牙人寫道，抵達目的地之後，「他們不能回頭或表現出恐懼，因為這會讓他們顯得不確定是否能取得勝利」。皮澤洛為了提振士氣，告訴手下的士兵對方「只有」四萬名印加戰士，而這些西班牙人似乎也打定主意，要繼續相信自己將會獲勝的錯覺。

皮澤洛的軍隊確實贏了，但不是靠著戰馬和大砲，而是因為大規模的虛張聲勢，讓拿著長矛、棍棒和弓箭的印加人士氣低落、信心潰散。強森在著作中詳盡分析了歷史上數百場戰役，主要從第二次世界大戰開始，一直到阿拉伯－以色列戰爭，他指出在眾多戰役中，都是類似的虛張聲勢策略奠定了獲勝的基礎。[245]

強森發現有多個像皮澤洛一樣的軍事領袖扭轉劣勢的例子，他們運用的就是完全無視於敵方實際軍力的過度自信。強森在結論指出，過度自信的原理並不是莫名讓較弱的軍隊變得更強，而是欺敵讓對方高估對手的真正實力。[246]

過度自信基本上是一種公關策略，之所以能發揮作用，是因為這會導致對手誤以為你比實際上還要強大。話雖如此，有多少場勝戰是用類似皮澤洛的策略贏下，就有多少災難是因為過度自信而爆發。第一次世界大戰的加里波利之戰（Gallipoli）就是一例，拿破崙入侵俄國也是一例，而且像後者這般過度自信的愚行，讓一個世紀後的希特勒也忍不住模仿。

多倫多大學在進行二〇〇七年的研究時，請五百二十七名石油地質學家在模擬練習中找到石油。研究人員會一次提供一點越來越不樂觀的證據，讓地質學家知道他們的努力——在現實世界中應該會耗費大量資金——不太可能會有成果。然而這群地質學家之中最有自信的一批人，卻在得知不樂觀的意見回饋後更積極地進行探勘，他們不願意放棄錯誤的路徑並接受沉沒成本，而是繼續徒勞無功地燃燒數以百萬計的虛擬公司資金。比較沒有過度自信傾向的地質學家則是更早就放棄無謂且昂貴的探勘作業。[247]

過度自信可能會使人對世界產生危險的篤定想法，以至於用簡化的分析和解決方案去處理極為複雜的現實問題。研究人員已經證實，過度簡化的思維是左翼和右翼政治極端分子的共同特點，這類激進分子就連在估算玻璃杯裡有多少沙粒，也對自己的答案抱持過度的自信。[248]

當然，我們都寧可自己的外科醫師散發著自信——誰有辦法判斷醫師是否過度自信？這時兩難就出現了。適量的信心可以發揮讓人更具說服力和實力的效果，但是過量就會導致犯下截錯腿或血腥戰爭的愚行。許多悲劇性且代價駭人的錯誤都源於過度自信，而這個現象太過屢見不鮮以至於衍生出一種獨有的詛咒。

贏家的詛咒

這位企業家的快速崛起讓他成為各國領袖追捧的國際名人，因為他針對人類的未來提出了激勵人心的計畫。他向《紐約雜誌》（*New York magazine*）表示，他的公司規模足以解決世界上最大的問題，而且他需要盡可能讓公司的估值達到最高，這樣他才能為全球的福利議題盡一份力。「全世界有一億五千萬名孤兒，我們想要解決這個問題，給他們一個新的家庭。」

他更進一步宣稱，公司的使命就是提高整個世界的意識。[249]

二〇一九年八月十四日週三早上七點零七分，亞當・諾伊曼（Adam Neumann）的公司 WeWork 發布首次公開募股文件，價值為四百七十億美元。到了十月中，公司股票價值崩跌到低於八十億美元，兩千四百名員工遭到資遣，諾伊曼也被迫辭去執行長職位，這是讓公司獲得紓困的條件之一，他因此拿到十五億美元的遣散費。

過度自信就是高估自己的能力和成功機率，而亞當・諾伊曼想當然就是過度自信。在九年內，他的新創公司從一間辦公室成長為紐約和倫敦最大規模的私人工作空間租賃公司，據點遍布超過二十三個國家。[250]但到了最後，他沒辦法為一億五千萬名孤兒找到新家、阻止國際衝突，更沒辦法提高整個世界的意識。不幸的是，他甚至無法避免自己的公司市價史無前例地崩跌三百九十億美元。

然而，就是這種雄心壯志讓他的投資人——包括日本軟銀（SoftBank）執行長孫正義——願意投入數十億的資金在WeWork上。就如我們先前看到的例子，信心會讓人更有說服力，而過度自信則會讓人超級有說服力，也會使人更願意承擔風險。根據美國商業雜誌《*Fast Company*》的報導，諾伊曼用「二線」（B players）來形容試圖說服他降低風險的主管，據傳他還禁止這些悲觀主義者參加會議，或是直接忽視他們。[251]

所謂「贏家的詛咒」是指競標時，容易以高於拍賣標的物實際價值的價格得標。三位工程師在一九七一年創造了這個詞，當時他們觀察到得標石油探勘權的公司，通常以超過油田最終價值的價錢得標[252]——過度自信導致過度樂觀。

顯然，在亞當．諾伊曼經營之下的 WeWork 就是這種情況，儘管諾伊曼懷抱著各種遠見和理想，最後還是必須面對投資人對於公司年虧損和市值灌水的懷疑。[253]當然話說回來，他本人仍然得以全身而退，而且據說變得非常、非常有錢——對於他的許多員工來說實在是有苦難言。簡單來說，過度自信的矛盾之處就在這裡：在一定的程度上效果絕佳，直到贏家的詛咒爆發。有些人就像諾伊曼一樣，在下台之前相當善於運用過度自信直到那個臨界點，其他人可能會因此滿身瘡痍，他們自己卻能無事一身輕。

過度自信可以是資產，也可能是詛咒，完全取決於當下的情況。如果在控制眾人退休金和投資的基金管理人之中，有七成四自認平均而言優於其他同業，那麼這項事實值得我們停下來思考一下。[254]既然他們的自我評價扭曲到這種程度，我們的錢怎麼能稱得上是安全？

在二〇〇八年，海法大學（University of Haifa）的一項研究不著痕跡地引導資深專業財務顧問抱持追求風險或迴避風險的心態，同時也對一群經濟系大學生採取相同的做法：表面上請受試者進行詞彙記憶測驗，實則在其中混入與追求風險或迴避風險有關的詞彙。追求風險的相關詞彙包括**創業精神**、**勇氣**和**冒險**；迴避風險的相關詞彙則有**認真**、**負責**、**仔細**和**周到**。受試者並不知道這些詞彙正悄悄地導致自己的思考方式產生偏移。

財務專家和大學生在無意識的情況下被引導偏好風險或謹慎行事之後，接著要作出有關股票的投資決策，同時研究人員會提供他們詳細的相關資訊。單是在所謂的記憶測驗讀到傾向追求風險的詞彙，就足以提升受試者對高風險股票決策的偏好程度。然而，比起經濟系大學生，資深財務專業人士明顯更容易受到無意識形成的風險偏好心態影響，這對我們的退休金來說可不是好消息。[255]

專業人士並不如你我所想像地擅長理性分析，這些資深從業者沒有多加思索就作出決定。從認知層面而言，他們仰賴的多半是預感和直覺，而不是理性的決策過程。況且，千錘百鍊的直覺無法確保決策會比較理想；事實上正好相反，經驗豐富的專業交易員所作的財務決策甚至比不上大學生，因為他們對於自己的直覺過度有自信。[256]從亞當．諾伊曼的「努力工作、盡情玩樂」生活形態，以及他在眾人眼中難以預料的管理決策，都可以看出他的認知模式應該是偏向憑直覺行事。而這種心態之所以會形成，過度自信絕對是最主要的原因。

資深的人握有權力，而權力會讓人過度自信，並因此偏好選擇對風險盲目的思維捷徑。網路科技泡沫就是一個例子——科技公司的股票市值在投資推升之下飆漲，並在二〇〇〇年三月達到高峰，結果二年內價格就跌落到只剩兩成。一九九九年，《華爾街日報》的報導指出，只要在公司名稱加上網域尾碼「.com」，股價就會飆升。[257]

交易這些股票的金融專業人士就像《綠野仙蹤》的巫師一樣，被吸進了過度自信思維的龍捲風，等到落地時才發現股價崩跌的冰冷現實，和WeWork的狀況如出一轍。而且這項問題有惡化的趨勢，因為隨著國際金融市場擴張，小型機構對投資風險進行盡職調查的費用變得更加昂貴。因此，就如研究所示，這些機構傾向於跟隨大型投資機構的腳步。[258]不過，根據我們在上文看到的研究，這些金融界的領頭羊在進行決策時，大多甚至比未受訓練的大學生更加偏好仰賴不理性的直覺和情緒。如果你想看到更多證據，可以思考一下這項事實：有研究發現，在一九八二至一九九七年間，綜觀二十六個國家，早晨陽光的多寡和城市當天的股票交易報酬有明顯的關聯性。[259]就連晴朗早晨帶來的短暫快樂，也可能會令人不理性地對金融前景更有信心。

話雖如此，因為過度自信而面臨贏家的詛咒，可不是只會發生在大牌金融交易員身上。

芬蘭和其他北歐國家一樣，都擁有豐富的公民資料庫。加州大學洛杉磯分校

（UCLA）和赫爾辛基經濟學院（Helsinki School of Economics）在二〇〇九年合作進行研究，觀察數千名芬蘭男性公民的股票交易行為。研究人員得以分析公民的交易行為與其對於自身智商的過度自信程度之間有何關聯（芬蘭公民在服兵役時接受的智力測驗得知他們的實際能力）。根據芬蘭政府機關的紀錄，對自身智商過度自信的男性明顯會更頻繁地交易，還更常偶然地收到超速罰單。[260]

不過，一般個人在自家客廳進行業餘股票交易有個定律：平均而言，交易次數越多，虧損越多。一項二〇〇一年的研究分析三萬五千個美國家庭的資料後發現，在一九九一到一九九七年間，男性交易的次數比女性多出四成五，正因如此，男性的年虧損比女性高出五成。[261]

類似的現象也出現在新創公司；經濟學家發現，七成五新創公司的創辦人如果繼續領薪水工作，其實會比自己出來創業有更高的收入。[262]那麼，究竟是什麼讓人想要成為企業家，就算現實狀況是大部分的新創公司都以失敗收場？

過度自信。我們稱之為創業家的人，就是雙眼發光、無視於風險的樂觀主義者，如果沒有那適量的關鍵燃料——過度自信——他們當初就不會採取行動。雖然大多數人會失敗，但有少數人成就斐然。像賭徒一樣夢想著中頭獎，以至於他們無法理性計算風險。

詩人T. S.艾略特（T. S. Eliot）有句名言是「人類承受現實的能力有限」（humankind cannot bear very much reality），[263]看來在商業和金融界確實是如此。過度自信地逞英雄，會引爆如拿破崙入侵俄國、亞當・諾伊曼盲目擴張WeWork以及艾利・麥克勞德在阿根廷顏面盡失的大災難。不過，這也是人類能夠邁向未來的原因：戴上樂觀的有色眼鏡，對自身的能力無比自信。而有時候，真的是有時候，這樣的努力會有回報，有些人成功躲過了贏家的詛咒。

一九五七年，丹麥建築師約恩・烏松（Jørn Utzon）在競標中勝出，將負責設計雪梨港（Sydney Harbour）邊陲的公共建築，計畫經費以今天的價值換算高達六千五百萬美元。[264]耗費十六年和十億美元之後，雪梨歌劇院（Sydney Opera House）在一九七三年十月二十開幕。根據丹麥經濟學家（Bent Flyvbjerg）的說法，這是世界巨型工程史上成本最昂貴的建築。[265]雪梨歌劇院是規劃謬誤（planning fallacy）的典型例子——堪稱是全世界大型計畫中的魔王，過度自信的人物和組織尤其容易臣服於其下。信心會讓人覺得更有控制權，而過度自信會放大這樣的感受，以至於你徹底低估超出自己控制範圍的計畫缺陷。

誇大的控制感也會導致人對於時程表過度樂觀；此外，倫敦商學院（London

Business School）的研究人員在二〇〇八年證明，過度自信的人大腦比較沒有「損失規避」（loss aversion）——比起獲得報酬寧可避免損失的心態——的傾向。[266]

大型計畫需要大型團隊，那麼過度自信的領導者究竟是如何凌駕於現實和團隊的謹慎行事之上？我們都知道過度自信會讓人顯得極有說服力，這就是其中一個原因。而另一個原因則是「緘默效應」（MUM effect），也就是組織中較資淺的人員傾向對警示跡象保持沉默，因為顧慮上司握有的權力和支配地位。

在一項二〇一五年的研究中，研究人員將受試者隨機分為兩人一組，並一起解決問題。每組的其中一人會被指派為上司的角色，另一人則扮演員工，而且上司有權力評價員工並給予獎勵。研究人員指示半數的上司要展現出非常有信心的架式、頻繁且直接的眼神接觸、直挺的姿勢、流暢的發言方式以及向外延展、有信心的手勢。另一半的上司所收到的指示則是要表現出低頻率的眼神接觸、非直挺的姿勢和其他象徵信心低落的行為。

有個現象可能會讓你大吃一驚：如果團隊的上司看起來很有信心，反而會比上司看起來沒那麼有信心的團隊更難以解決問題。這些團隊中的員工會覺得上司的信心造成阻礙，以至於無法提出建議和發表意見。[267]即便「員工」握有關於問題的獨家資訊，而上司卻沒有，員工還是會保持沉默。

聰明的團隊擁有的是群體智慧，這不同於各個成員的平均智商；頭腦靈活的團隊之所以擅長解決問題，主要是因為成員之間互動的方式，而不是個別成員的聰明程度。換言之，整體會比每一個部分加總後還要聰明。

卡內基美隆大學（Carnegie Mellon）的研究人員將受試者隨機指派到四十個小組中，並請他們花幾個小時解開各種需要運用智力的問題。研究人員發現，最聰明的組別並不是成員智商最高的小組；事實上，這些頭腦靈活的小組成員很擅長解讀其他成員的臉部表情，並且在討論時輪流發言，而不是由單一個人主導。女性在小組中所占的比例，也可以用來預測各組的智力，不過這是因為女性通常比男性更善於解讀他人的情緒。[268]

過度自信且握有權力的人通常會主導討論，如果這類人不去解讀情緒表現，就無法接收到他人可能是煩躁、無聊、興奮、細心、憤怒或焦慮的訊號，因此也就不會引導他人加入討論解決問題的方法。在這種情況下，團隊就無法運用集體智慧，因為其他成員會遭到過度支配、過度自信的成員限制，而難以作出貢獻。因此，過度自信的人會削弱集體智慧，不論性別為何。話雖如此，男性平均而言有較高程度的信心、權力和支配地位，使得他們比女性更常表現出上述的行為。

不過，保持沉默且對討論毫無貢獻，其實是團體中人際關係所造成的侵蝕信心效果之中，最不嚴重的一種。二〇一二年，維吉尼亞理工學院（Virginia Tech）的研究人員將學生分為不同的解題組別，並且事先測量學生的個別智商。接著研究人員告訴其中一組的成員他們在小組中的智商排序分別為何，而另一組的平均智商雖然有相同，成員卻不知道自己的智商排序。

結果得知排序的組別變得沒那麼聰明，解出的問題少於另一組，後者因為不知道自己的排序而沒有任何心理負擔。在得知排序的學生大腦中，額葉的左側外圍表面活動降低，而且杏仁核——焦慮中樞的活動變得劇烈。因此，削弱信心的人際關係不僅阻礙我們在團隊中為解決問題作出貢獻，還會耗費大腦的功能。[269]

現在我們已經充分瞭解過度自信的後果，但這種心態究竟是從何而來？

為什麼會過度自信？

二〇二〇年，隨著新冠肺炎危機在美國越演越烈，總統唐納・川普（Donald Trump）前往位在亞特蘭大（Atlanta）的疾病管制與預防中心（Centers for Disease Control and Prevention），拜訪正在研發疫苗的科學家和醫師。他告訴這些研發人員，他有一位厲害的「超級天才叔叔」曾經在麻省理工學院（MIT）教書，並宣稱這種才能一定是家族遺傳。

「大家都很訝異我竟然懂這種東西。」川普說道。

「每一個和我聊過的醫生都說：『你怎麼會這麼懂這個？』說不定我天生就有這種能力。」[270]

二〇一九年川普總統在推特也發過類似的內容：「我長得好看又聰明，真的是『穩定的天才』（Stable Genius）。」[271]他經常像這樣展現出對自身能力和特質的超級信心。川普的過度自信就是他的招牌，是個人形象的一部分，而且幫助他在政治和商業界發光發熱。不過一般而言，過度自信究竟是從哪裡來的？

為了解答這個疑問，明尼蘇達大學（University of Minnesota）的研究人員在二〇一三年展開研究，他們前往週六訓練營募集了一千名大多是男性的卡車司機學員，並付費請他們接受智力和性格測驗。接著研究人員請這些司機預估自己相較於其他駕駛的智力測驗排名。現在你應該可以預期到，很多司機自認排名在前百分之二十，遠超出統計上的可能性。[272]這種錯覺的嚴重程度主要取決於性格，在所謂的「社會潛能」（social potency）性格向度獲得高分的人，會在以下的項目自評較高分：**強力行事且果斷；有說服力和偏好影響他人；享受或可以享受扮演領導角色；享受被他人注意到、成為眾人注意力的焦點。享受自己的能見度、支**

配地位，而且喜歡成為有控制權、有說服力的強大角色，也就是領導者。

就連在社會潛能向度得分低於平均的卡車司機，對於自己的智商也是過度有信心：其中有三成三的人判斷自己排名在前百分之二十。然而，如果是偏好強力行事和支配來影響他人的那一群司機——喜歡大力拍別人的背和擅自幫別人的咖啡加奶精的那種人——其中有五成五的人判斷自己的智商落在前百分之二十。[273]

另一組性格特質則會抑制人對自身聰明程度的過度自信，包括對他人的批評敏感、緊張成性、容易有罪惡感，或是有敏感和容易擔憂的脆弱面。

這種性格模式源於何處？就像大多數的行為一樣，涉及先天和後天的因素。根據麻省理工學院的研究人員的發現，在過度自信這方面，同卵雙胞胎之間的相似度比異卵雙胞胎之間高，而且就算雙胞胎在不同環境下長大也是如此，儘管人生經驗確實會造成明顯的影響。[274]不過，這種基因上的差異即使在人生初期並不明顯，長時間累積下來的影響也可能非常深遠。舉例來說，比起稍微較容易哭鬧、淺眠等等的嬰兒，有些新生兒的氣質（temperament）就是比較平靜。家長如果對兒童的情緒性（emotionality）產生負面反應，長期可能會導致這種行為惡化，進而激化家長的負面反應，長年下來就會因為一報還一報而越演越烈。

先天上非常微小的氣質差異，最後可能會在成人後演變成極為明顯的情緒性差異。雖然成人的情緒性看似主要是由基因決定，但實際上的狀況卻和第四章提到的信心複利譬喻很類似。最初的微小差異——在這裡指的是基因——因為這個世界給予的回應，以及隨之而來漸漸累積的優勢或劣勢，最後不斷地放大。

就像先前提到的信心複利一樣，起初的微小差異長年下來可能會放大，最後變成難以消弭的鴻溝，因為最初的優勢會帶來益處，進而帶來更多優勢，並且一直累積循環下去，當初的微小差異就這樣以驚人的幅度擴大。男孩和女孩在信心相關氣質上的先天差異，可能也歷經類似的複利進程，因為這類行為所造成的優勢或劣勢都會長期累積。我們在第七章討論的女性與男性之間在刻板印象、期待和觀念上的根本差異，長期而言會系統性地擴大任何微小、早期、天生的差異。

所以，過度自信的源頭之一就是性格，尤其是想要支配他人的渴望。不過只有當這類人取得他們渴求的地位，這種性格才會徹底露出原貌。

尋求地位

人為什麼要花費精力變得過度自信？你可能會這麼想，如果大家都對自己的能力有忠實和準確的理解，人生一定會簡單得多。究竟為什麼要投入這麼多力氣在說大話？

這麼說好了，過度自信似乎非常有用——至少在一定程度上是如此。其他人會因此願意聆聽過度自信的人所說的話，或依照他們的想法採取行動，但是為什麼要聽吹牛大王的話？有項實驗提供很有說服力的理由：研究人員請大學生接受美國地理測驗，但沒有告知他們成績，接著大學生要估算自己的測驗成績和其他同學相比是好還是壞，由此可以得知他們的過度自信和信心不足程度。接下來大學生要作答更多地理題目，但這一次是兩兩一組。雙方都認同答案之後，每位學生都要私下評價隊友對美國地理的熟稔程度，同時也需回答自己認為隊友值得多高的地位和尊重，考量面向包括隊友的領導能力、影響力以及對測驗的貢獻。

那麼過度自信的人獲得了什麼樣的影響力評價呢？大獲好評，而且還讓隊友對他們的過度自信深信不疑。[275]不僅如此，他隊友還因此給予他們較高的地位評價。

在同一個研究團隊進行的第二項研究中，觀察對象是ＭＢＡ學生，他們要在七週內以五或六人小組的形式完成報告，研究人員想知道過度自信在現實世界中是否有相同的效果。

研究人員請這兩百四十三名ＭＢＡ學生填寫「過度誇大問卷」，是一種用來衡量個人吹牛傾向的方式。學生會讀到文學、歷史和科學領域的詞彙或人名，接著他們要用零到六的量表來表示自己對各個專有名詞的熟知程度多有信心。不過，就像前文提到的青少年數學測驗，每個領域內都混雜了一些虛構的詞彙。舉例來說，科學領域混入了類似氯（chlorine）的假元素「**cholarine**」、**超脂質（ultra-lipid）**和**視差板（plates of parallax）**，真正的專有名詞則有**曼哈頓計畫（Manhattan Project）**、**星雲（nebula）**和**板塊構造學說（plate tectonics）**。

在七週報告的初期以及在進入尾聲時，小組中的每位成員都要秘密評價其他組員，判斷他們對團體的決策有多少影響。這項分數在現實生活中有重要的意義，因為真正的課程成績會納入其他組員對特定組員的評價。想當然，比起不說大話的組員，過度自信的吹牛大王在影響力和地位都獲得比較高的評價。

過度自信的人究竟是怎麼蒙蔽他人來獲得較高的地位？為了深究這個問題，研究人員比較了兩類學生的行為，一類是在同儕眼中具有高度信心的學生，另一類則是其他學生。結果研究人員的發現並不令人意外；如果學生比較頻繁地發言，並且使用陳述事實般有信心的語調，同學就會認為他們比較有能力。如果學生的坐姿是外展且開放的類型、比其他人提供更多解答而且確信自己的意見，那麼同學對他們有能力的印象就會更加強化。

有多少人之所以獲得工作機會，是因為遴選小組高估了過度自信求職者的能力？而又有多少人——女性遠多於男性——因為沒有在面試時說大話而遭到拒絕？就如我們先前討論到的，平均而言男性比女性更容易過度自信。男性擁有這種成就燃料添加劑，而隨之而來的益處多年來不斷累積並形成優勢，地位、權力和財富都會使得過度自信像雪球一樣越滾越大。

難道沒有更好的評估和監管流程可以過濾出吹牛大王，好讓謙遜並且自我評價忠實的人獲得應有的影響力嗎？二〇一三年研究顯示，應該非常困難。

經過賓夕法尼亞大學研究人員的驗證，在解題小組中，其他組員通常會認為過度自信的組員比較有能力，也願意給予他們較高的地位。不過，如果研究人員向小組揭露這些過度自信的人真正的表現分數呢？這麼做可以破除過度自信的人有能力的錯覺，並且讓他們的地位下降嗎？

不，沒有辦法。即使向小組揭露過度自信的人真正的能力，他們的地位依然不動如山，仍然是受到尊敬、地位較高且有影響力的角色。[276]

這正呼應了我們在當今政治界所看到的現象，令人戒慎恐懼。事實比不上包裝；表象所帶來的地位和權力，似乎遠超過單純的能力和成就。為什麼會有這樣的現象？

研究顯示，過度自信是一種象徵高地位的訊號，而不是用於判斷個人實際能力的資訊。如果你有辦法展現出過度自信的樣貌，地位就會因此提升，並獲得較高地位的特權，包括尊重、影響力和權力。在現實世界中，這些珍貴的資源可以變現，並且創造出成就的自證預言循環。人一旦開始把過度自信衍生的戰利品拿到手，實際能力和表象之間的落差就會變得模糊不清。他（想當然，這種人多半是男性）可以透過誇大——吹牛——自身能力，來鞏固尊重、影響力和權力，他的過度自信帶來了報酬。

在過度自信形成自證預言之前，有一段期間是有可能看出現實和表象之間的落差。在這個階段，過度自信通常（但未必一定是如此）會讓人嘗到甜頭，例如諾伊曼就是如此。如果過度自信確實有用，就會創造出過度自信版本的現實，即使只維持一小段時間，諾伊曼也是如此。如果有人是因為吹牛功力了得而獲得地位、權力和財富，一旦他們掌握了這些資源，成就就會變成現實而不只是願望。

賓夕法尼亞大學的研究證明了為什麼會有這樣的現象：眾人似乎較在乎表象而不是現實，他們並不在意說大話的行為有沒有被揭穿，單是有能力可以誇大展現出有信心的樣子，就足以贏得地位和形成有能力的假象。其中一個原因就是過度自信的代表性標誌——有力的聲音、眼神接觸、開展的姿勢、強勢的發言，這些都是象徵支配地位的訊號，會繞過大腦中比較理性的迴路。當你開始和陌生人組成團隊合作，相關的理性迴路會忙著處理兩項主要的任務：第一項是進行團體活動，第二項則重要得多，也就是試圖釐清團隊中的其他人對自己的看法。

由於你能力有限，理性、有意識的心智活動完全集中在上述的任務，比較原始的支配關係便會經由過度自信的人釋放出的訊號自動建立。這種支配關係會賦予這位吹牛大王一定的地位，而且任何關於對方實際表現的資訊都無法推翻。像這樣的地位不僅對於吹牛的人來說是一種流通資源，值得注意的是，對於和他們有關的人來說也是。

不論過度自信的人是如何取得，單是擁有地位，就等於握有社會酬賞（social reward）的源頭，而現在過度自信的人可以把獎勵分給群體。多數人都喜歡和地位牽扯上關係，同時他們也會透過觀察他人服從地位高的人物來判斷地位，接著他們的觀念就會更加強化。

這就是趨炎附勢和尋求地位背後的邏輯，單是接觸到地位高的人物，便會讓人產生自身地位有些許提升的感覺，名人身邊不乏人群簇擁的原因就在這裡。這些人渴求與名人有所接觸，並不是因為覺得自己可以從對方身上得到任何有形的東西；他們想沾染上的是地位。這正是為什麼過度自信是一種有利可圖的行為模式，過度自信之所以能帶來豐厚的報酬，是因為能有效哄騙其他人給予你地位。一旦有了地位，過度自信的效果就幾乎無法消除，即便眾人皆知你的能力低落。

過度自信可以讓你在他人眼中成為有地位的人，而隨著地位而來的就是權力。

權力

二〇一七年九月後半，美國航空（American Airlines）執行長道格．帕克（Doug Parker）與華爾街分析師會面，討論他旗下航空版圖的未來。他的發言如下：「我覺得我們應該不會再賠錢了……我們這個產業不論景氣好壞都能獲利。」

快轉到三十個月之後。新冠肺炎疫情導致帕克旗下大多數的機隊停飛，於是他遊說美國政府提供緊急救濟金，最後成功獲得五十八億美元的紓困金。

你也許會猜想，這位航空大亨從來沒遇過這種危機，所以毫無準備。但事實並非如此，才不過四年前，他歷經兩次破產的前東家全美航空（US Airways）和美國航空合併為新的航空公司，讓美國航空可以不必進行美國破產法第十一章規定的破產程序，也就是讓公司重整債務的程序。此外，他旗下的美西航空（America

West Airlines）在一九九〇年代也曾費時三年處理破產問題。由此可知，道格．帕克應該對航空業脆弱的一面有第一手的經驗，那他怎麼可能會說出「我覺得我們應該不會再賠錢了」這種話？

道格．帕克發表上述的驚世之言一週後，《富比士》雜誌的記者丹．里德（Dan Reed）在文章中以盡量按捺不可置信的語氣作出回應。他指出，世界上永遠都會有某些事件對航空業造成傷害，不論是火山爆發、核能發電廠熔毀、大型恐怖攻擊、戰爭……或是各種早就已經存在並且會對道格．帕克的事業造成威脅的問題之一。里德斷言，**一定**會有意料之外的問題出現。[277]

這個問題就是新冠肺炎。

收入普通的記者能夠比薪水八位數的執行長作出更符合現實的情境評估，這個現象實在令人費解。帕克怎麼會過度自信到如此離譜的程度？

這個問題至少有兩個答案。其中一個原因是公司的董事會付錢要求帕克這麼做，由他向華爾街分析師推銷，希望對方投資自家公司股票。而就像我們都知道的，過度自信會讓人顯得有說服力，並且帶來尊重、影響力和地位。第二個原因則是權力。

權力是世界上效力最強大的大腦改變作用劑，而且握有越多權力，效力就越強大。權力代表的是可以控制他人的欲望、需求或恐懼，而擔任大公司的高薪執行長顯然會帶給人權力。權力的效果包括讓你的注意力和記憶力集中在獎勵，權力低落則會把注意力和記憶力導向潛在的懲罰。權力可以提升大腦的獎賞網絡與多巴胺相關的活動，讓人自我感覺良好、保持樂觀和充滿動力。

權力低落會連帶導致心情和動力低落。權力有助於將注意力集中在當前的目標；另一方面，缺乏權力則會分散焦點，因為你需要大範圍掃視威脅。高度的權力會使人比較沒有自知之明、同理心，也比較不焦慮；相對地，缺少權力會讓人非常有自知之明、更有同理心，也更焦慮。

多巴胺和大腦的許多神經傳導物質系統一樣，是呈現鐘形曲線，這表示濃度太高和太低都會扭曲大腦功能。權力對部分人——還有絕對的權力對大部分人——的影響，會導致大腦中與多巴胺相關的獎勵活動變得劇烈，若程度嚴重會扭曲判斷力，甚至放大性格特徵，讓人變得更加自戀。自戀思維會導致人過度倚重自己的意見和判斷力，把自身的利益視為首要之務，而且會因為過度樂觀和視野狹隘地專注於目標和獎勵，而忽略了風險。[278]

以上就是過度自信的特徵，權力則是最主要的起因之一。我無法得知道格·帕克是否有展現上述的任何一種行為，但有一點非常明顯：他對風險作出了令人咋舌的誤判，因為他對航空事業的看法是「我覺得我們應該不會再賠錢了」。帕克的注意力全部都放在成功之上，以至於他似乎無法想起世界上發生過的種種大問題，畢竟在他的吹牛思維框架中，這類記憶都處於沉眠狀態，無法輕易喚出。

帕克失準的判斷力就是所謂的過度自信，他之所以具備啟發並說服他人的魅力和領導能力，也是源於此處。

對帕克他的公司來說，這種做法在失效之前一直都很有效。也許有人會認為，我們不能以災難隨時會來襲的心態過生活，我們不能因為害怕有新冠肺炎這類的罕見狀況就裹足不前，我們應該要保持樂觀和活力，勇敢踩上過度自信的浪頭。然而，疫情並不是毫無預警地來襲；舉例來說，在新冠肺炎爆發的三年前，微軟創辦人比爾．蓋茲就已經在於達佛斯（Davos）舉辦的世界經濟論壇（World Economic Forum）預先提出警告。[279]整個世界對於這種已有警告在前的風險缺乏準備，正是因為政治和商業界領導者都過度自信以至於愛說大話，道格．帕克就是活生生的例子。

一般而言，信心是一種珍貴資產，難免會伴隨著一些不切實際的過度自信。不過我們必須承認，嚴重的過度自信會對整個世界造成巨幅的傷害。信心是把雙面刃，卻對生活十分重要，尤其是生活的經濟層面。

10

信心
經濟學

在倫敦海格山（Highgate Hill）的石雕底座上，倚伏著一隻石貓——機警地蓄勢待發，彷彿突然嗅到老鼠的氣息。[280]這隻名貓確實是捕鼠高手，因此成了信心經濟學傳說中的主要角色。

這隻貓的主人就是英國民間故事的主角狄克．惠廷頓（Dick Whittington），他聽信謠言以為倫敦街上鋪滿黃金，於是離開貧窮的鄉下進城。結果，他在城市中只找到殘酷的現實和住處髒亂的奴役生活，狀況糟到他決定返回家鄉，但最後又被堡教堂（Bow Church）誘惑的鐘聲騙回那間閣樓。

現在，那隻石貓坐落的路旁，據傳就是狄克改變主意轉身的地方。他的決定實屬幸運，因為在這同時，他有錢的老闆把那隻貓送上價值不菲的貨船擔任首席捕鼠官，而由於這隻貓實在太擅長捕鼠，摩爾國王不惜以超越貨船的價格買下，老闆因為貓帶來的財富無比欣喜，大方地讓狄克分紅，最後狄克一步步當上倫敦的市長大人。

結果，狄克．惠廷頓對英國首都的看法並沒有錯，街道上確實鋪滿了黃金，至少是個精準的譬喻。這種說法不只適用於倫敦，也適用於大部分的大城市，黃金多到可以越疊越高。城市的規模越大，通常就越富有和有創意，舉例來說，可以用一座城市申請的專利數量來衡量。城市急速興起，隨之而來的益處以不成比例的規模如雨後春筍般冒出。[281]

當今的世界上有五成五的人口都住在城市，在不斷有大量人口湧入城市的情況下，到了二〇五〇年，將會有三分之二的人類定居在大都會。[282]究竟是什麼原因，讓全球各地的現代狄克．惠廷頓決定放棄小城鎮的寧靜，擁抱大城市的喧囂呢？畢竟，城市可不只有孕育出財富和創意，同時也是犯罪和貧窮的溫床。

我在一九七〇年代首次造訪美國時，馬路上的 U-Haul 租賃拖車數量讓我吃驚。高速公路上奔馳的小型房車後方拖車上裝滿椅子、燈罩和玩具。家庭往西、往東、往南又或是往北前進，朝著從駕駛座望向的未來行駛而去。他們駛過龐大無窗的倉庫建築，在新城市安頓好之前，難以搬運的家當都會寄放在這裡。

比起歐洲人平均只會遷移到離家鄉五十英里的地方，多數美國人會為了更好的工作機會移動到一千英里之外，橫跨整個美洲大陸來來去去，不斷在陌生的地點重新成家立業。經濟學家提出了一個專有名詞來描述以上的現象：勞工流動（labour mobility），這正是美國經濟如此強勁的原因之一。然而，大部分——五成六——四十歲左右的美國人仍然住在他們十四歲時生活的城市，就連有大學學歷的四十歲人口，也有四成留在原生地。[283]那麼，現代的狄克．惠廷頓到底是誰，這種勇敢又令人費解的行動力又是從何而來？

年輕和教育程度似乎是最有可能的因子；一項針對美國境內往大型城市遷移行為的研究顯示，原因確實是如此——年輕人遷移的程度多於老人，有大學學歷的人也比沒讀大學的人更有移動能力。[284]不過，也許會有人認為，更關鍵的因素其實是能力，尤其是智力。

智商可以用來預測生活中的許多面向，從工作、健康到可以活多久。但其實，研究人員在仔細爬梳美國的大規模研究「全國青年縱向調查」（National Longitudinal Study of Youth）之後發現，智商並不是影響流動情況的因子。這項調查衡量的是六千名十九歲年輕男女的認知能力，並且對調查對象進行後續追蹤，以瞭解他們是在家鄉落地生根，還是為了拓展職業生涯而前往國內各地。搬往大城市的調查對象未必是最聰明的一群，研究人員發現有另一個重要因素：自信。

不論智商高低，比較有信心的年輕男性和女性通常會往大城市遷移，而且平均而言，這類人會變得比待在家鄉的同儕更富有和成功。[285]自信低落的聰明人通常會待在原地不動，而他們能力較差但更有自信的朋友卻會改變生活方式並搬離家鄉。在大都會裡，後者接觸到各種新想法、社交網路、機會、經驗和人際關係，這些因子可以幫助他們加速累積財富和專業知識，遠超過那些比較聰穎卻待在家鄉的朋友和兄弟姊妹。

無可避免地，有些人確實會在過程中飽受大城市的通病所苦，包括孤獨、成癮、家庭破碎和犯罪等等。不過追根究柢，這個世界的狄克．惠廷頓都算是樂觀主義者，而我們都知道，樂觀就是自信的姊妹。這類人的心態是期待成功，而不是預期失敗。

話雖如此，這種超級添加劑必須要盡早取得。如果那些比較有才能但留在家鄉的人終於在幾年後鼓起勇氣，跟隨其他人的腳步前往大城市，他們還是無法迎頭趕上。當初採取行動的人已經享有大城市提供的成功機會和爆炸性成長的複利，這背後的原理和童年時期的信心很類似，比較有信心的學童會大步向前，讓自己和同樣有天分卻沒那麼有信心的同學之間形成不斷擴大且無法彌補的差距。

上述的複利效應會展現在內在（人的大腦裡）和外在（技術、經驗、人脈、資源、社交網路和財務），這些缺乏經驗但有自信的遷移人口會看到自己的信心帶來回報：成功創造更多成功。接著進而產生的是信心，而信心會衍生出更多信心。作為職業生涯的燃料添加劑，信心就是一種價值無與倫比的資源，會終其一生不斷滾出複利。

有信心的人——不論是購物中心的顧客，或是公司內部的採購主管——會集中更多注意力在決策的潛在優點而不是缺點。因此，面對這個複雜的世界，他們比較容易把注意力放在引起正向、樂觀心態的指標，而比較不去關注引起負面、悲觀心態的指標。有信心的人之所以願意投資，是因為面臨難以確定的未來，他們會專注於信心的「可以實現」面向。沒有信心的人則會把更多注意力放在潛在風險，因此比較有可能會把錢存起來而不是花掉。

換言之，在經濟體中，個人的「可以實現」信心**理應**會促進經濟成長，並創造出正向循環，也就是信心帶來經濟榮景，而榮景又回頭推升信心。這背後可是有科學證據；舉例來說，二〇〇〇年到二〇一四年間，在包括英國、德國、法國和西班牙的十三個歐盟國家，從個人消費者和企業管理階層的信心程度，都能準確推估出各個會員國的失業率。這是一種單向的關聯性，個人的信心程度可以預測出最終的失業情況。其他的指標如消費者支出和工業生產指數，則是和信心呈現雙向的因果關係，彼此會互相影響。[286]

我們已經知道，較有信心的人更有可能創業。[287]握有專利的發明家如果比較有信心，會更容易找到願意協助商品化的公司。[288]此外，亞利桑那州立大學（Arizona State University）的研究人員在二〇一一年證實，公司設法讓員工更具信心之後，生產力也會隨之提升。[289]

那麼，既然信心如此重要，信心究竟是如何在國家經濟體系中數百、數千、或數百萬人的大腦中運作？

生活美滿或力爭上游？

請想像有把梯子的底部是零，頂端則是十。

接著請把這些標有號碼的階段想成：十代表「你所能擁有的最理想生活」，零則代表「你可能擁有的最惡劣生活」。

想一想自己目前的生活，你覺得自己位在梯子上的哪一階呢？

想好了嗎？再想想看：五年之後，你覺得自己會位在梯子上的哪一階呢？

以上的問題出自所謂的坎特里爾量表（Cantril Scale），[290] 調查公司蓋洛普（Gallup）就是採用這個量表來觀察全世界超過一百六十個國家中人類的快樂和滿意程度。[291]

你的兩個數字分別是什麼呢？如果你當前的數字是七以上，五年後的數字是八以上，那麼你就是「生活美滿」（thriving）。

如果現在的生活落在五或六，五年後的生活落在五、六或七，那麼你可能正在「力爭上游」（struggling）。

最後，根據蓋洛普研究人員的解釋，如果你自評現狀只有四或以下，未來五年也只有四或以下，你則是處於「生活艱難」（suffering）的狀態。

生活美滿的人通常會很健康、較富有、較沒有煩惱、壓力或悲傷情緒，也比較不憤怒、更快樂且更受尊重。這類人比較少生病，而且比起其他沒有被蓋洛普歸類為「生活美滿」人更享受生活。

如果是力爭上游的人，會比較有壓力、為錢煩惱，而且一年請病假的次數超過兩次。這類人比較可能有吸菸習慣，飲食也不太健康。

至於落在生活艱難的人，會處於缺乏基本食物或住處的狀態，感到痛苦之外，也因高度的壓力、擔憂、悲傷和憤怒所苦。這類人比較可能長期生病和憂鬱。[292]

就如第三章討論過的，二〇一六年脫歐公投震驚了全世界。幾乎沒有任何全球事務專家預料到這個結果，而他們的辯解之詞是，大多數經濟指標都沒有呈現出政治動盪的跡象，當時英國的國內生產總額（ＧＤＰ）成長了兩個百分點，失業率降低至百分之四．九。各個層面看起來都不錯，但是蓋洛普的調查是例外，這項年度調查中，英國人的心情一覽無遺，一如全球其他一百六十多個國家。

蓋洛普的研究人員透過螢幕追蹤穩定上升的經濟指標：在二〇一三年，英國的人均GDP是三萬八千八百七十三美元，到了二〇一五年，這個數字成長了將近七個百分點，達到四萬一千四百七十八美元，對經濟學家來說真是一段美好的日子。不過接下來，當研究人員追蹤另一份圖表，他們簡直是瞠目結舌。英國是世界上最富裕且開發程度最高的國家之一，幾乎達到完全就業，經濟也持續成長。然而，蓋洛普的員工看到一條線在二〇一三到二〇一五年間急劇下降並感到難以置信，他們從來沒有在其他國家觀察到這種兩年大走下坡的情況——他們看到的正是「生活美滿－力爭上游－生活艱難」圖表。[293]

二〇一三年，多數的英國公民（五成五）覺得自己生活美滿。這個數字略低於美國的五成九，但遠高於俄國，僅有兩成五的俄國公民認為自己生活美滿。

我們在第四章討論過「快樂拉丁人」的現象，所以儘管哥倫比亞並不富裕，二〇一三年有五成九的公民自覺生活美滿也就不令人意外了。在中國，僅有兩成一的公民這麼認為，印度的數字則只有一成三。

然而，僅僅兩年，英國的這項數字就從五成五跌至四成，意味著大約有七百萬的民眾突然之間不再有信心。這樣的下降趨勢對於世界上數一數二富裕的國家來說絕對是不容忽視的事件，顯然也是預示二〇一六年脫歐公投關鍵結果的警鐘。

為什麼突然有這麼多人覺得自己的生活一落千丈？經常有人指出移民議題推

升了脫歐派的票數，但是在二〇一三到二〇一五年間，境內遷移的變化並沒有大到足以讓人對未來的幸福和信心產生如此劇烈的情緒轉變。也經常有人認為全球化是脫歐派勝出的原因，但是在這關鍵的兩年期間，全球化的影響並沒有突然加劇；事實上正好相反——GDP上升且失業率下降。

話雖如此，有個層面確實在這短期間內發生了變化，而且非常顯著，那就是英國保守黨政府的公共支出**緊縮政策**。早在二〇一〇年，大衛．卡麥隆領導的立法機關就已開始大砍公共支出，接著教育、社福和社會保障的經費縮減程度在二〇一三到二〇一五年達到新低，在此同時七百萬人的信心開始潰散。[294]

在英格蘭北部和中部地區比較小型的市鎮，當地經濟非常仰賴地方政府和公職。因此，雖然國家整體經濟表現出色，無情削減地方公共支出卻逐漸侵蝕這些群體對未來的信心。舉例來說，社區服務警員（police community support officers）主要負責巡邏街道，為民眾帶來安全感，但在二〇一〇年之後，人力卻被削減四成。全英國的警員人數減少了二萬名以上，也就是一成五的降幅。[295]

接下來，當這些在心理上動搖的七百萬人面對公投，他們找到了修理政府的機會。即便先前脫歐根本不算是大眾關注的政治議題，他們還是投下贊成票；就算歐盟和重挫他們信心的緊縮政策完全無關，他們還是投下贊成票。

在大西洋的彼端，另一起重大政治事件在同年上演：唐納．川普當選美國總統。和脫歐一樣，民意調查機構完全沒有預料到，也沒有突如其來的經濟反轉預示這起事件發生——美國的人均GDP從二〇一三年的五萬二千七百四十二美元上升到二〇一六年的五萬七千四百三十六美元。然而，情況還是和英國如出一轍，自認生活美滿的個人突然之間少了大約三千萬名——從二〇一四年的五成九跌落到二〇一六年的五成。[296]此外，投票意向最明顯轉向唐納．川普的美國州別，幸福和信心程度在前四年都呈現歷來最大的下降趨勢。[297]

同樣在這兩年期間——從二〇一四年到二〇一六年——美國的預期壽命開始下降，這在近代歷史上從未發生在富裕國家過。[298]背後的原因之一是鴉片類藥物成癮導致用藥過量的死亡率飆升，二〇一四年有四萬七千人因此死亡，但在這兩年間，用藥過量的死亡人數上升至六萬三千人。

究竟該如何解釋英國和美國發生的變化？

伊斯特林悖論（The Easterlin paradox）

經濟學家一直以來都假設財富和快樂是相輔相成的關係，然而在一九七二年，理查・伊斯特林（Richard Easterlin）提出了現在已經廣為人知的悖論，在經濟學界引起軒然大波。他指出在部分國家，財富和快樂並沒有關聯性。以美國為例，儘管從一九七二年到二〇一六年，人民的財富多了不止一倍，平均的快樂程度卻微幅下降。[299]導致英國和美國出現政治地震的關鍵兩年，就是出現了這樣的脫節現象——財富增加，幸福程度卻下降。對未來漸失信心的七百萬英國人在二〇一六年六月找到抒發情緒的政治管道，於是和眾人的預測相反，英國的公投結果是贊成脫離歐盟，贊成票以百分之五十一・九對上四十八・一的以些微之差勝出。

除了公共支出縮減造成社會結構遭到削弱以外，還有什麼原因導致民眾投下脫歐贊成票，作出大多數經濟學家都認為不符經濟利益的決定？英國的研究人員發現有兩種關鍵的心理因素，可以用於預測民眾是否會投票贊成脫歐。第一種是覺得國家邊境受到威脅，而這樣的觀念是像奈傑・法拉吉（Nigel Farage）這樣的民粹主義領袖精心操弄的結果。舉例來說，法拉吉的眾多相關發言包括：「結核桿菌花了國民保健署非常多錢，而且那種疾病大部分都是來自南歐和東歐。」[300]

你也許會認為抱持這種態度的人，應該同時也會有特別強烈的大不列顛或英格蘭民族主義認同，但實際上並非如此——從這種民族主義的支持度無法看出公投結果會是脫歐。真正可以看出脫歐意向的是民眾對歐洲人這個身分的抗拒：林肯大學（University of Lincoln）的研究人員在二〇一七年證實，投下脫歐贊成票的人對身為歐洲人的厭惡，遠比他們對身為英國人的認同更強烈。[301]

這個結論有助於我們釐清為什麼在經濟成長之下，民眾還是不快樂且缺乏信心嗎？脫歐研究所提出上述的身分認同議題，又是否能幫助我們進一步理解伊斯特林悖論？

美國在健康、幸福、信心，甚至預期壽命等層面大幅走下坡，其中有一項值得注意的特徵，也就是這些狀況多半都只出現在單一人口類別身上：沒有大學學歷的美國白人。在一九九九到二〇一三年間，這個人口類別的死亡年齡開始低於預期年齡。[302]學者安格斯．迪頓（Angus Deaton）在這個領域的研究讓他獲得了諾貝爾經濟學獎，他估計這十四年間有五十萬人是因為預期壽命倒退而死亡。這項發現——簡直像服用類固醇版本的伊斯特林悖論——令人驚愕的地方在於，在美國其他客觀而言經濟狀況更不理想的群體，並沒有出現死亡年齡下降的現象。拉丁裔美國人和美國黑人的預期壽命呈現上升趨勢，和全世界大部分地區的情況一樣，而且他們的幸福感、快樂和信心也都隨著預期壽命增加而提升。[303]

相較於拉丁裔族群，教育程度較低的美國白人**自覺**經濟狀況變得更緊繃，即便平均而言他們其實比較富有，卻還是這麼認為，這就是我們在第四章討論過的銀牌得主效應。人的快樂程度取決於比較對象。

判斷自己是富有或貧窮也是相同的道理，取決於和誰比較。沒有大學學歷的美國白人通常會和自己的父母和祖父母作比較，那一代的白人在強勁、以藍領和製造業為主的經濟下過著比其他族裔更好的生活。後來隨著全球化、科技變革以及傳統重工業萎縮，再加上其他因素，藍領階級白人相對具優勢的經濟地位遭到侵蝕，讓他們覺得自己的生活不如父母和祖父母。拉丁裔和美國黑人也通常會用自己的父母和祖父母當作比較基準，而客觀來說，後者多半都比自己的兒孫更加貧窮。因此比起經濟地位滑落的美國白人，這兩個族群相對沒那麼自覺貧窮。**覺得**富有或貧窮的影響力，並不亞於**實際**的富有或貧窮狀態。

英格蘭和威爾斯的脫歐公投則是上演了相呼應的狀況，[304]重工業沒落以及安穩工作機會減少引發的藍領經濟衰退，讓部分人覺得自己比上一輩更窮困。這種心態更因為政府削減地方服務而加劇。此外，就像美國大選一樣，一旦有機會，多半都是教育程度較低的選民會投下不利於執政方的選票，徹底推翻民調機構的預測。[305]

在兩國的選舉中，牽涉到種族的敘事觀點都發揮了作用。「拿回我們的國家」這個常見的選舉主軸，背後的邏輯是白人失去了在社會上的支配地位。[306]和想像中曾經的地位比較之後大失所望，這樣的心態粉碎了英美兩國的幸福感和信心。尤其是在英國，不論是一般大眾還是八卦小報，心中都還懷著過去帝國時期統治世界的幻想。

你對自身生活的感受，根據的是一種心理上的社會溫度計，而這種儀器的讀數只有在與他人比較時才有意義。沒有受過大學教育的美國白人以及眾多投下脫歐贊成票的英國人，都覺得自己和比較對象相比更窮困，因此也比較不快樂和沒有信心。

這種在人類大腦中的負面比較，其實是有可能從外在觀察到。如果你覺得受到不公平對待，大腦的反應會是減少獎賞網絡的活動，與之相應的感受就是心情低落和不快樂，眾多贊成脫歐和支持川普的選民遇到的就是這種狀況。

大池塘中的小魚

全球化的世界讓我們變成更渺小的魚，卻身在更寬大的池塘，西方世界普遍深感焦慮感的源頭就在這裡。[307]教育程度較高的個人在較大的池塘更能輕易蓬勃發展，但是沒有人——就連占有優勢和高教育程度者——能免於競爭激烈的社會比較所產生的壓力。有一項長達五十年的精采研究是以美國高中生為對象，圖賓根大學（University of Tübingen）的研究人員就在二〇一八年從其中的資料觀察出上述的現象。[308]

在一九六〇年，一批經過挑選的代表性美國高中報名了「人才計畫」（Project Talent）。研究人員以來自超過一千間學校的近四十萬名美國青少年作為研究樣本，進行為期十一年到五十年的長時間追蹤。由於這些是真正隨機挑選的代表性學校，學生的背景從最窮困到最富裕的社區都有，並且來自各種類型的學校，包括公立和私立。研究人員感興趣的是不同學校的學生在人生路上的發展如何，包括學業成就、收入和職業聲望等層面。

不論在哪一個國家，來自貧困地區的兒童在這些指標的表現，通常平均而言會落後較高社經背景的同儕。社經地位是信心的主要來源，也是經濟優勢和成就會相輔相成的原因之一。

話雖如此，「人才計畫」研究的珍貴之處在於，研究人員得以比較社經背景對於學生人生成就所產生的效果，以及另一個重要因子的效果：高中的學業池塘規模——各間學校的平均學業成就，相對於平均的社會階級。例如社區和學校的學業文化這類因子，會影響一間學校的平均表現，進而形塑出學業池塘的規模，亦即該校學生所要面對的學業競爭程度。

因此，研究人員想探討的問題其實很簡單：學校的平均社經背景和學業池塘規模兩相比較之下，何者對數十萬美國青少年的人生影響更大？

這項研究還採用了另一種關鍵的衡量方法——青少年在學期間對自己的教育期望。換句話說，研究人員衡量的是學生對自己在教育層面的**信心**，做法是詢問和預期學歷（學士、碩士、博士）相關的問題，例如**你預期自己最高會念到什麼學校？**最令人驚訝的發現是，信心——學生對自己的期望——是提高成就指標的主因，包括職業聲望、收入和最高學歷。

所以沒錯，信心是成就和成功的關鍵，但是個人的社會階級以及學業池塘又是如何分別形塑了這種信心？不出所料，學校的平均社經背景越高，學生的學歷期望就越高。不過，就讀平均成就偏高的「大池塘」學校會對信心產生什麼樣的影響呢？

結果相當令人意外，學校的平均學業表現所帶來的效果，和社會階級所造成的影響正好相反。學校的平均學業表現越出色，學生的平均信心程度就越低，而且由於學歷期望是驅動成功的因素，大池塘學校的學生在十年之後，當社會階級的效果消失，他們對自身的學歷期望會比較低。

研究人員的觀察範圍包括一千所以上的學校和將近四十萬名學生，因此這表示他們可以從統計層面著手，區分出影響是源自學校的社經背景，還是學校的學業池塘規模。這一點十分重要，因為社經背景和學校的學業表現之間有非常密切的關聯性。唯有用統計方法將社會階級這個因素從資料中排除，才有辦法以不偏頗的統計分析觀點看出學業池塘規模的效果。

中產階級背景的一般學生如果就讀學業表現出色的學校，比起同樣是中產階級但就讀平凡學校的孩子，最後會變得比較沒有信心。正因如此，他們在之後人生的成就也會不如後者，也就是背景相同的青少年，但處於競爭較不激烈、「較小」的學業池塘。反過來說，具有優勢背景的青少年如果進入的是比較小規模的池塘，平均而言就會變得比較有信心，也因此在人生中更有成就。

這項發現背後合理的原因只有一個，英美的政治風暴也是出自相同的原因：比較對象是誰？在小規模的學業池塘，比較容易對自身的學業能力有信心，因為有很多人和自己表現得差不多或更差；至於在大池塘中，平均的學業表現都很出色，因此很容易對自身的學業能力失去信心。

青少年時期不僅是大腦成長的關鍵期，對於自我意識的發展也相當重要，而這種自我的核心就是信心。到頭來，對我們人生的整個過程造成莫大影響的，就是我們自己在這個關鍵時期與他人作的比較。

從英國和美國近期的例子可以看出，與他人比較造成如此深遠的影響，不是只會出現在青少年時期——我們終其一生都會因為與他人比較而受到影響。不論我們喜不喜歡，現在我們都生活在一個規模更大的全球化池塘，因此維持自己的信心成了越來越艱難的挑戰。有了近乎普世的科技之後，現在世界上最貧窮的一群人正在以過去無法想像的方式與最富有的人進行比較。我們當前在經濟上面臨的挑戰，不僅涉及實質層面，也牽涉到心理因素，因此我們就不得不談談自我主張（egonomics）這個概念。

自我主張（Egonomics）

讓隨機的一群人接受智商測驗之後，請他們判斷自己的表現是高於或低於這一群人的平均。每一個人都會在電腦螢幕上看到反饋資訊，告知他們實際上是高於或低於平均——但是準確度只有七成五。接下來他們要再次進行判斷，自己究竟是高於還是低於這一群人的平均智商。上述的流程會重複四次，也就是從電腦得知自己在一群人之中智商程度的反饋資訊，不過這是有雜訊的資訊，並非百分之百可靠。而每一次他們回答自己是高於或低於平均，就很類似現實生活中大部分的反饋——幾乎都不是百分之百明確和可靠。

那麼在接收四輪的雜訊反饋之後，受試者對自身能力的推估會怎麼樣呢？如果人的大腦完全理性，就會遵循所謂的「貝氏統計法」（Bayesian statistics）：考量到回饋資訊只有七成五的準確度之後，上調或下調每一次的自我評估，到最後，徹底理性的大腦會作出準確的自我評估。我們可以把這種判斷稱作智商自信（intellectual self-confidence）。那麼在獲得反饋資訊之後，這種判斷變準確了嗎？沒有，基本上絕對沒有。

就如我們在第二章所討論的，相較於壞消息，人類大腦會更快且更積極地更新好消息。上述實驗的結果就是這種狀況：比起得知負面的反饋資訊，受試者獲得正面的反饋資訊之後，比較願意改變對自身智商的推估結果。而且這些受試者也比較保守；當他們得知與自身智商相關的正面資訊，調整推估結果的程度只有統計上合理修正的三成五，而聽到關於自身智商的壞消息之後，他們只下調了合理修正程度一成五的自我評價。

人的智商自信非常沒有彈性，不會輕易改變，而且偏好好消息多於壞消息。有極為少數的人——通常是低於群體平均的人——會完全不想得知任何負面的反饋資訊。不過我們已經知道這一點了，那麼上述的實驗又有什麼不同？答案就藏在當同一批人進行相同的測驗，但這次不是以個人身分進行，而是代表著名的智慧機器人。在這個情況下，受試者表現得就像典型的貝氏統計法，會根據正面和負面反饋資訊作出同等的調整，同時也沒有過度保守，而是理性地考量反饋資訊，來適當改變原本高於或低於平均智商的推估結果。[309]

當人把自尊從信心中移除，就會產生這樣的結果。一旦不需要保護自我，信心作為通往未來的橋梁，就會變為理性的統計作業。信心是對未來的自己賦予信任的行為，也就是相信**我可以做到**，功能類似於內在的教練。信心就像是慈愛的心靈導師，對我深信不疑，並帶給我動力去實現信念。不過，這位教練對我的信念有個關卡要跨過：要讓信心的魔法發揮作用，**我**必須相信自己的教練，而這號人物只存在於我自己的腦中，那麼這位教練的名字是？**自我**。

因此，經濟的關鍵要素之一就是**自我主張**。民眾覺得自己有多貧困或多有錢，覺得自己是生活美滿或正在力爭上游，都是取決於比較對象。這同時也取決於人試圖保護對自身的正面評價時，是成功或失敗。然而，我們對自身富有或貧窮程度的感受——別忘了，我們自己的**觀念**和現實都會對此造成影響——卻越來越容易被某個讓大多數人焦慮的因素左右：變化。

變化

世界急速變化，尤其經濟、社會和科技的革新更是大幅加速。[310]二〇一八年，土魯斯大學（University of Toulouse）的經濟學家羅貝塔・德西（Roberta Dessi）指出，促使我們向前邁進的信心之所以伴隨著高估自己的偏見，是因為這是面對變化不可或缺的心理策略。所謂的賽局理論數學模型是用來預測人類在大型群體中會同時展現出何種行為的研究方法，德西就是採用這個方法作出預測，人如果對自身能力和機運有點過度自信，可以在經濟系統中創造出和諧的均衡狀態。[311]健康的過度自信會驅使個人勇於冒險並且展開新的方案，而不是繼續守舊，這在不停變化的世界是可以帶來獎勵報酬的做法。

不過在穩定的環境中就不是如此了。這時，可預測性和缺乏變化對於過度自信相當不利。在變化不多的狀態下，過度自信可能會變成潛在的累贅。穩定環境會讓人不願正視和解決現存方案的問題，也不願尋找和投資改善現狀的方法。

德西和論文共同作者趙曉建（Xiaojian Zhao）在研究中衡量了超過三千名中國公民的過度自信程度，方法是請受試者解開謎題，接著再詢問他們多有信心自己的答案一定正確。最後，受試者要回答他們預期自己一生之中會經歷多少變化。

兩位學者的發現證實，受試者如果預期在人生中遭遇越多變化，他們對作答謎題的過度自信程度就越不準確。

接著兩位學者繼續比較三十八個國家的平均自信程度，運用的是各國的社會和經濟穩定度指標。他們將研究重點放在代表穩定程度的衡量結果，這些指標如果和信心有相關性，就直覺而言應該會是正相關：二十八年間的低平均失業率、低度的國內外衝突。結果，模型的預測卻與直覺相反：即便採用上述的指標，比較穩定的國家，平均自信程度應該會**較低**。德西和趙曉建發現確實就是如此；例如，美國的自信分數是十七・二，日本則是十三・三。瑞士這個在經濟和社會層面都相當穩定的國家，自信分數是十四・三，而比較有動態變化的英國則是十六・四分。

極端過度自信固然會造成嚴重的問題，但中等程度的「一般」過度自信卻更能有效應對迅速變化的世界，在經濟和心理層面甚至可以說是有其必要性。由於世界上發生的變化無遠弗屆又一再加速，如果要讓世界持續繁榮發展，信心會是越來越珍貴的資源。

話雖如此，經濟不可能單獨存在於政治之外，而信心在生活的政治層面也扮演了同樣重要的角色。

11

信心政治學

今晚我要談論的是比能源或通貨膨脹還要嚴重的問題，現在我要談論的是動搖美國民主根基的威脅。

我指的並不是我們的政治和公民自由，這些都將存續。我指的也不是美國的外在力量，今夜這個國家在世界各地的據點都平安無事，且經濟權力和軍事實力皆無可匹敵。

這種威脅平凡到近乎難以察覺。

這個威脅就是信心危機。

我們對未來的信心遭到侵蝕，會造成威脅並摧毀美國的社會和政治結構。信心確立了我們的方向，建立了世代之間的連結。我們一直相信著所謂的進步；我們一直抱持著信念，認為我們孩子的時代會比我們自己的時代更好。[312]

一九七九年七月十五日，美國總統吉米・卡特（Jimmy Carter）在對全國的電視談話中說了以上的內容，也就是後來為人所知的「信心危機」演說。卡特的顧問告訴他，美國民眾對國家未來的信念正陷入危機。顧問團隊把這種集體感受歸咎在約翰・甘迺迪、羅伯特・甘迺迪（Robert F. Kennedy）和馬丁・路德・金恩（Martin Luther King）遭到刺殺身亡；越戰以失敗收場；水門案（Watergate）醜聞曝光；以及一九七〇年代爆發能源危機等事件累積而成引發的後續效應。石油短缺導致高速公路上的汽車被迫以每小時五十五英里的速度行駛，[313]甚至在空蕩蕩的中西部公路上也是如此，只能沮喪地減速開在一哩又一哩景色毫無變化的道路上，和卡特沉重的演說內容相互呼應。[314]

吉米・卡特的演說之所以精采，是因為儘管當時美國面臨種種經濟、社會和軍事挑戰，他卻直指一項核心問題，而且是心理層面的問題。美國總統化身心理醫師並診斷數億人的心理狀態，可是前所未見的情況。這位總統醫生的處方最後並沒有獲得青睞，因為他在演說後半段呼籲民眾要自我犧牲、節儉和拒絕物質主義。這樣的訊息無法啟動美國關鍵選民的大腦獎賞網絡，因此也無助於產生信心。

在一九八〇年的選舉，有一位也化身為心理醫師的總統候選人注意到了全國的情緒狀態，並且意識到卡特的處方並沒有發揮作用。前電影演員隆納・雷根（Ronald Reagan）公開表示，美國民眾並沒有任何問題。他的政治訊息以樂觀和信心為核心，振奮了數千萬支持者的獎賞網絡，所以最後在大選中獲勝。

雷根和卡特一樣扮演了心理醫師的角色，挖掘出經濟和政策面之下，導致全國陷入困境的更深層原因。不過雷根的判斷卻不一樣——他很確定，信心危機之所以出現，就是因為總統卡特沒有能力激發美國人的信心。此外，雷根的處方也相當不同，也就是要選出有魄力而且可以喚醒一大部分民眾自信的領導者。他透過公共建設計畫達成這項目標，支撐住的卻是另一部分民眾的信心，最後導致一連串的政治和經濟後果，至今仍然造成深遠的影響。[315]

三十七歲的蘇聯官員緊張地看著憤怒的群眾，人群湧向蘇聯情報機構國家安全委員會（KGB）德國德雷斯登（Dresden）總部的大門。那一天是一九八九年十二月五日，他透過沙沙作響的電話尋求武裝後援之後，只得到草率的回應：「莫斯科沒有回應。」中校弗拉基米爾．普丁（Vladimir Putin）快步走向大門，警告來自東德的大批群眾，他們如果試圖越過大門就會遭到——建築內不存在的武裝部隊——開槍掃射。

虛張聲勢奏效了，人群漸漸後退，並轉往尋找東德國家安全部（Stasi）的其他辦公室洗劫。[316]這名忠誠的蘇聯KGB官員覺得自己的世界和認同彷彿正從周遭開始崩塌，他在多年後表示：「我可以感覺到這個國家已經不存在，已經消失了。」[317]根據普丁在二〇〇五年四月二十五日對俄羅斯聯邦會議發表的演說，他深信：「最重要的是，我們必須承認蘇聯崩解是本世紀的一大地緣政治災難，數千萬的蘇聯公民和同胞發現自己被排除在俄國領地之外。」[318]

普丁最先考量到的不是母國的經濟或政治危機，而是蘇聯崩解對他深愛的俄國所造成的心理效應。他的反應追根究柢是一股強烈的個人和國族屈辱感，對其他數以百萬計的俄國人來說似乎也是如此。[319]

俄國人對公家機關的信任程度是世界最低；[320]一般公民的生活品質下降到低於中國的程度。[321]儘管如此，在我撰寫本書的此時，弗拉基米爾．普丁的支持率仍然高達七成，因為他成功扮演了國家心理醫師的角色。他運用以下的國家敘事觀點重建了全國的集體信心和自尊心：前任領袖在第二次世界大戰——或俄國所謂的「偉大的衛國戰爭」（Great Patriotic War）——期間展現出勇氣、毅力並獲得勝利。

「這是過去兩三百年來頭一遭，俄國面臨真正的危機，可能會淪落至全球權力版圖的二線或甚至三線。」普丁在一九九九年如此警告。他呼籲俄國人團結一致，以確保國家可以保持他口中**一線**國家的地位。[322]他以戰時的觀念作為基石，也就是為了國家榮耀而自我犧牲物質享受，目標則是確立高度愛國和好戰的立場來對抗西方世界——這樣的立場足以重建自我價值感和信心，特別是對那數千萬經歷過國家屈辱而且極為感同身受的人。

綜觀歷史，這種國家集體情緒對人類大事件的影響力簡直超乎想像。數百萬年以來有數百萬人因為輕視國王、王子和軍閥的**自尊心**而死亡，罪魁禍首就是**榮**

譽或**面子**的概念，而且這一點至今依然不變。美國政府在檯面上和檯面下都作出絕對不可能贏得越戰的結論之後，依然死守戰場多年，而他們之所以這麼做只出於一個單純的原因：挽救國家顏面，換句話說就是政府和國家的自尊。[323]基於類似的邏輯，希特勒在一九三〇年代的德國之所以獲得超乎想像的支持，是因為簽訂《凡爾賽和約》之後，數百萬名德國人覺得個人和國家受辱。維護集體自尊是驅動人類命運的其中一種發動機，人的過度自信會因此觸發，接著不僅催生出謀殺和戰爭，也孕育出創意、創新和公民責任。不過，真的有集體信心這個概念嗎？

集體信心

任何足球、曲棍球、橄欖球或團體運動選手都會說，團隊信心確實存在。甚至只要用以下這個問題，就可以用簡單且經過科學實證的方法衡量集體信心。

評估團隊的信心程度時，可以詢問隊員是否有把握自己會有出色程度的表現，足以在下一場比賽有良好發揮。零（完全沒有信心）……一百（完全有信心）。

只要將個別隊員在以上簡單量表的分數平均起來，就可以衡量出整個團隊的集體信心程度。而且研究顯示，集體信心對團體的影響，和個人自信對個人的影響如出一轍。對團隊比較有信心的運動員會為自己設下更具挑戰性的目標、付出更多努力、展現更強大的生理耐力、面對挫折和逆境時表現出更高的韌性，而且即使不斷失敗也更願意堅持下去。[324]

而正因如此，具有這種集體信心的團隊在競爭時會獲得比較好的成果[325]——任何運動迷應該都會同意，羅漢普頓大學（University of Roehampton）研究人員二〇一六年的文獻研究也證實了這一點。運動迷也會告訴你，球隊經理或教練是建立團隊信心的關鍵人物，因此也會影響到隊伍成功與否。科學印證了這種說法。領導者可以將自身的信心程度轉換成團隊集體的「可以做到」精神，即使他們只是暫時擔任新成立團隊的領隊。[326]

在一項研究中，有一百名比利時籃球選手參加投籃比賽，並且以隨機分為幾個小隊的形式進行。每隊必須指派一位隊長，隊長不僅要是技術程度相仿的籃球選手，也需要和研究人員合作。半數的隊長採取的是「高度團隊信心」的做法：明確表達對團隊能力的信任、團隊得分時會作出激動的反應，並且表現出有信心的肢體語言。另一半的隊長則被要求在團隊投籃沒進時作出惱怒的反應、發表嚴厲的言論，以及呈現出喪氣、缺乏信心的身體姿勢。

以有信心的方式領導的團隊會變得比較確信團隊的能力，並且發展出更明顯的「我們」意識——換句話說，就是與集體團隊信心相符的集體團隊認同。選手剛開始投籃時，兩種團隊的準確度相當，不過到了最後，隊長展現出高度集體信心的團隊比另一半的團隊多投進了三成的球。[327]

由此可以看出集體信心對個人大腦的影響：當一群人以團體的形式一起合作，他們的大腦不僅會追蹤自身的表現，也會追蹤團體中其他人的表現。這樣的活動會出現在大腦前側叫做布羅德曼分區九（Brodmann area 9）的區域，可以說是每個人的大腦都在持續關注團體表現，因而形成集體信心的神經訊號。

當一群人在團體中是彼此競爭而不是合作，大腦就會呈現完全相反的模式。關注自身和他人的大腦活動會徹底變得迥異，畢竟在競爭過程中，最該避免的狀況就是大腦混淆了自己和對手的表現。

當人對「我們」有信心，會連帶讓自己對「我」更有信心，接著就會對大腦表現、注意力、情緒和行為產生各種正面效果。不過集體信心還有另一種影響力，也就是有助於提高團隊成員的合作效果，並衍生出眾多益處。而且這個現象不止出現在運動場上。如果執行長在組織內展現出有信心的樣子，最後公司的表現會比較出色。[328]在大城市的弱勢地區，如果當地人對於在社區內實行非正規控制手段有較高的集體信心，犯罪率就會比較低。[329]

不過，只有在政治界，集體信心化為世界各地行動的能量來源——從智利到香港，還有從伊拉克到北非都是如此。個人運用社群媒體進行交流的能力，在世界各個角落引發了大型且難以預見的示威、抗爭和動亂。

智利和美國在二〇一七年的研究顯示，越多人在社群媒體上參與政治，這群人就對採取後續的政治行動越有信心。[330]他們會觀察眾人對特定發言的反應，來評估政治信心程度，例如：「如果可以組織夠多公民要求改變，政治人物就會有所作為來解決他們的問題。」

有趣的是，研究顯示兩大社群媒體平台 Twitter 和 Facebook，分別以不同的方式激發出上述的信心和後續行動。Twitter 是個人導向，把重點放在向跟隨者傳播資訊，而不是共享或有來有往的社交互動；另一方面，Facebook 則比較偏向社會連結和相互交換意見。儘管有這樣的差異，在任一平台上分享政治資訊的使用者，都比較有可能會參與社群媒體之外的政治行動，雖然原因不盡相同。根據研究，在 Twitter 分享政治資訊的行為會提升個人採取政治行動的信心，而在 Facebook 分享政治資訊的行為則會提升**集體信心**。

因此，信心具有傳染性，從領導者開始垂直往下傳播，接著則在團體之中水平傳播。[331]而且團體中的和諧程度越高，信心的傳染性就越高。[332]信心在人類之間進化成一種讓人類大腦彼此交流的方式，而且有助於一群人高效地共同合作。[333]輔助這種交流模式的方式之一，就是我們在第三章討論到的**信心捷思**——根據對方看起來多有信心，來判斷該和誰組成團隊的經驗法則心理捷徑。

由此可知，信心不只是單一個人大腦的所有物，而是可以在數以百萬計的人類大腦中形成或是向外滲透的力量。當信心發揮這樣的力量，便造就了歷史。

「炸彈是象徵自尊的貨幣」

一九九八年五月十一日，印度投下一枚氫彈，拉賈斯坦邦（Rajasthan）的沙漠為之劇烈震動。同一天還有兩次爆炸發生在礫土之下，只不過這次是原子彈；印度成了核武國這個獨家俱樂部的第六號成員。知名印度政治人物、編輯和記者錢丹・米特拉（Chandan Mitra）如此評論印度的成就：「我認為就現實面而言，炸彈就是象徵自尊的貨幣。」從這段話可以看出，他把這種極端的軍事－政治手段視為國家信心的心理作用產物。

短短十七天後，一九九八年五月二十八日下午三點十五分，類似震波傳遍巴魯支斯坦省（Balochistan）的乾燥土地，甚至越過巴基斯坦國界。印度的死對頭同樣用地下核武測試回敬，表明自己也是獨家俱樂部的一員。

成為核武國會帶來相當實際的效果，包括可以利用政治協商權力。北韓領導人金正恩就是以核武活動強力展現出這項優勢，並且在二〇一九年以此要挾，以達到與美國進行總統層級互動的戰略目標。擁有核武也可以發揮威懾作用，避免另一國家的軍事侵略。話雖如此，錢丹．米特拉的論點還是相當精準，擁有如此嚇人的武器也有其心理層面的功能：提振一國的自尊和自信。

一整個國家怎麼會同時感受到如此個人的心理狀態？

相較於來自較富裕、具有優勢且沒有殖民歷史國家的公民，這個問題對於國家曾是殖民地的公民來說相對簡單。

錢丹．米特拉以他的核武自尊理論深入分析：

當你看著二十世紀接近尾聲並邁入二十一世紀，思考著要如何讓國家榮耀成形，並克服深植在你腦中長達二百年的屈居劣勢感，像炸彈這樣的武器就會看似是對付世界的好方法。你會因此感覺到更完整的自己。

這段文字看起來有如病例紀錄，像是接受心理治療的患者表達自己的焦慮和屈辱感。然而事實上，這是一位領導者在談論自己的國家，用詞幾乎像是把國家視為個人。這位知名的政治人物和國家報社的編輯，探討的是數億人口心理歷程，而他呈現出的就是這些民眾的觀點。米特拉繼續分析：

> 尤其當我們身在國外，當我們必須在國際論壇上證明自己，我們有必要用更大的發聲，而且發展如此亮眼的前殖民國，總是會表現出相當明顯高人一等的姿態……然而我們面臨的問題是，如果不是被瞧不起，就是被屈尊俯就地對待。[334]

有殖民他國歷史的國家（例如大部分的歐洲國家和日本）通常會把國家自尊和自信心視為理所當然，而如果國家握有超越他國的龐大經濟、政治或軍事權力（例如美國），也會有這樣的傾向。之所以有上述的現象，是因為權力會改變人類大腦，讓人更專注在自己的目標上，並且比較不會去注意或關注權力低於自己的他人有什麼想法或感受。權力也會讓人變得更自我中心，而且較沒有自知之明。

有權力的國家或群體不會去深思他人怎麼看待自己，但比較沒有權力的國家或群體則會這麼做。有權力的群體不會像錢丹・米特拉一樣，不由得地去思考自己相較於其他群體是處於劣勢還是優勢，因為有權力就不需要這麼做。當你握有權力，就可以發號施令，因此不太有必要為沒有權力的人設想。相對地，沒有權力的群體則必須耗費大量的心智能量，來試圖解讀有權力群體的想法和意圖，並且反思這些因素與自身群體的地位——和信心之間的關聯性。[335]

然而，如果國家或群體失去權力，不證自明、充滿信心的優越感所形成的美好幻象就會開始破滅。突然之間，自我質疑和自我覺醒的痛苦過程全部一擁而上，隨之而來的是，不再處於支配地位的有權力群體會面臨對其自尊的種種威脅。那麼，在群體心理的影響下，個人的大腦究竟處於什麼樣的狀態？

群體心理

研究實驗的受試者和其他互不認識的受試者一起走進房間，研究人員用投影片向他們展示兩位藝術家的抽象畫——保羅·克利（Paul Klee）和瓦西里·康丁斯基（Wassily Kandinsky）——並且請每一位受試者選出自己比較喜歡的藝術家投影片。研究人員將受試者分配到其中一個組別，受試者以為分組是根據自己偏好的畫家，但其實是隨機分組。現在有兩個隨機分配的組別，其中一組名義上是偏好克利的作品，另一組則是名義上偏好康丁斯基的作品。

上述的分組就是所謂的「最小團體」（minimal group），意味著這種群體沒有特定目的，也沒有過去和未來，只是單一個人暫時屬於的隨機臨時團體。這類團體不同於我們在人生中所屬的大部分其他群體，我們在現實中屬於的團體都有其目的，例如家庭提供保護、足球隊求勝、宗教尋求成為主流或國家追求榮譽。這些類型的團體歷史悠久——有時長達數百年——而且宗旨通常包含在與其他團體競爭時取得優勢。

這些團體也對於在未來存續有很強烈的意識：我們作為政黨留下的遺產、我們國家未來的榮耀、我們信仰的永恆光輝、我們家庭的未來等等。放眼世界，隨處可見各種有目的性、過去和未來的團體競爭留下的痕跡：例如印度有印度教徒與穆斯林相互競爭；愛爾蘭有天主教與新教相互競爭；美國則有共和黨和民主黨相互競爭。甚至可以這麼說，人類歷史就是這類團體之間衝突的故事。

然而在上述的實驗中，突然之間受試者發現自己身在完全隨機組成的群體之中，既沒有歷史或共同價值，也沒有特定目的或未來。照理說，這種狀況應該會讓團體變得沒有任何影響力和重要性？自從布里斯托爾大學（University of Bristol）的社會心理學家亨利．泰菲爾（Henri Tajfel）在一九七一年首度觀察到「最小團體」效應之後，一系列的研究證實了並非如此。

泰菲爾和同事發現，即便只是屬於隨機組成的群體，也會引發一連串人類獨有且普遍的行為和態度：內團體偏私（ingroup favouritism）和外團體歧視（outgroup discrimination）。接著這項研究揭露了一項驚人的事實：人會在團體內分配獎勵，並且在團體外給予制裁，即便選擇偏好自身團體之後的整體利弊其實不利於所有人！換言之，群體心理會促使我們搬石頭砸自己的腳。

在觀察到這種駭人現象的情境中，其實克利派和康丁斯基派之間並沒有競爭關係。這並不是零和遊戲——亦即如果我方獲勝，對方就會落敗，反之亦然——因為這兩個團體根本就沒有目的性或未來性。即便如此，立即確立自己在團體中的定位，接著自動偏好團體內部並犧牲團體外部，似乎就是人類大腦中的原始驅力。[336]究竟為什麼會有這種現象，這又是否有助於我們理解信心在群體和國家之中是如何運作？

二〇〇三年的德國研究提供了一點線索，這項研究也採用了克利—康丁斯基最小團體的實驗方法。研究人員想觀察的是，受試者在分配金錢給其他個人時——包括團體內和團體外——會多偏好團體內部的成員。研究人員會告訴受試者他們在先前接受的解題測驗中表現得好不好，以巧妙地操控每位受試者的個人信心。得知自己表現不佳的受試者，會變得對外團體抱持更多**偏見**，而且更

偏好內團體。換言之，自我感覺不佳會導致人的**部族意識**變得更強烈。這些受試者因為得知對其智商的假評價而覺得自尊受到威脅，因此就像是補償作用一樣，內團體的集體自尊為他們提供了一點保障。[337]

如果套用在二〇一六年發生在英國和美國的政治變動，這項研究的發現會顯得更有道理。數百萬人失去信心，讓這些個人隨即變得更難以抗拒內團體偏私所帶來的自尊提升和慰藉效果，外團體歧視這個邪惡的雙胞胎自然也不會缺席。這就是為什麼民粹主義者可以利用對國民自尊造成威脅的二〇〇八年後經濟大衰退，讓數百萬信心潰散的人追隨他們的理念。美國的唐納·川普、英國的奈傑·法拉吉、法國的瑪琳·勒朋，以及義大利的馬泰奧·薩爾維尼都是這個現象的典型例子。被民粹主義者鼓動的人之所以會落入內團體偏私和外團體歧視的狀態，是因為他們的信心長期遭到蒙受損失的感覺侵蝕。

話雖如此，上述政治運動的動能不止限於內團體心態而已。由於這些信心遭受挑戰的數百萬人累積越來越強烈的部族意識，造成了明顯更出於直覺和情緒的後果。二〇〇八年的一項研究顯示，單是讓人覺得自己屬於任意一個團體，就足以對大腦的獎賞網絡造成明顯的振奮心情效果。[338]從民粹主義者的角度來說，這個現象就如同發送免費的抗憂鬱藥物給數以百萬計的追隨者。而且根據阿姆斯特丹自由大學（Amsterdam Free University）二〇一九年的研究，極端意識形態的支持者亟需這種抗憂鬱劑。

極端右派或左派意識形態的支持者在心理狀態上比一般人更痛苦；極端主義信念體系中黑白分明的思考方式，可以針對複雜的問題提供簡單的解決方案，這對信心和自尊低落的人來說相當有吸引力。這類人也因此對其他族群更不包容，而且對自己的判斷過度自信。強烈的內團體感受和過度自信都會刺激大腦的獎賞網絡，而有些人會被極端主義者魅惑並深受簡化且過度樂觀的解決方案吸引，正是因為他們可以藉此緩解心理層面的痛苦。[339]

來自群體心理的信心可以讓個人更有信心和降低焦慮感，但是在促使人尋求團體慰藉的焦慮感之下，是不是還有更根本的問題存在？

管理恐懼

二〇二〇年四月十一日，新冠肺炎危機進入高峰之時，推特上出現一段在麥當勞中國廣州分店拍攝的影片，內容是黑人遭到禁止進入餐廳。數週之前，二月二十四日在倫敦的牛津街（Oxford Street），一名來自新加坡的二十三歲學生強納森・莫（Jonathan Mok）遭到一群男性攻擊，其中一人對莫說：「不要把你的冠狀病毒帶進我的國家。」接著朝著他的鼻子重重揮拳。這只是發生在世界各地數千起事件中的兩個例子，由此可以看出在二〇二〇年疫情期間，感染新冠肺炎的恐懼是如何引發排外的攻擊行為，尤其是針對那些看起來是外團體——因而被視為威脅的人。

二〇一四年，另一種具高度傳染性的疾病伊波拉（Ebola）在西非不斷蔓延。消息傳遍世界各地之後，眾人開始害怕這種疾病會入侵其他國家，例如美國。儘管在美國染上伊波拉的機率微乎其微，還是有數百萬人對這種疾病感到恐懼。當加州大學聖塔芭芭拉分校的研究人員對一千名美國人進行調查，他們發現人越是**覺得**自己容易受到伊波拉影響，他們整體而言對於移民的態度就越偏向排外，尤其是來自西非的移民。[340]

當人受到驚嚇，就會透過可降低焦慮感的內團體慰藉，以緩解心中的恐懼，而外團體偏見自然也會隨之出現。此外，這種恐懼感不止限於疫情。

請想像週一早上七點，你正在穿鞋。接下來我要提出一些問題，你可以自行作答：

你在做什麼？

穿鞋。

為什麼要穿鞋？

這樣我才能出門。

為什麼要出門？

我要去上班。

為什麼要上班？

因為我的上司要求我去上班。

為什麼要在乎上司的要求？

我想要有良好的工作表現，在職業生涯中有所成就。

為什麼你想要有成就？

這樣我才能讓家人過好日子。

為什麼？

這樣我才會覺得自己有盡到家長的職責。

為什麼你會想要這麼覺得？

因為我是好人。

為什麼你想要當好人？

啊，我的老天，別再問問題了——我上班要遲到了！

透過這段想像中的對話，我們觸及了「為什麼？」這個問題。這是攸關生存意義的質問，庸庸碌碌和努力不懈究竟是**為了什麼？**這也是我們多數時候都在閃躲的問題，而我們自尊的另一個忠心護衛——**拒絕承認（denial）**就是共犯。

我們所做的一切都不只有一個目的，其中有階層之分。以下這則勵志演講者最愛引用的故事，就忠實地呈現了這一點。

一群工人正在砌磚，這時有人問第一位工人他在做什麼，工人抬頭並回答：「我在砌磚。」提問的人接著詢問第二位工人，工人回答：「我在蓋一座牆。」接下來他又問了第三位工人，對方回答：「我在打造一座大教堂。」以上三種回答都沒錯，只不過每位工人的目標就像俄羅斯娃娃一樣一層包住一層，這就是科學界所謂的「目標層級」（goal hierarchy）。

然而，如果你繼續往更高的層級思考，就像我們在前文進行的穿鞋對談一樣，最終會撞上生存意義的天花板，而必須直視我們有限的生命。在大多數時候，因為有健康的拒絕承認態度助我們一臂之力，我們有辦法不去思考這個問題。把注意力集中在非較高階目標層級的地方，其實是很正常的現象，人通常會專注於達成中階、可振奮心情的目標，例如爭取加薪、購入新房、建立關係或是定下心規劃夢想已久的旅行。拒絕承認可以讓我們的大腦不必去思考比較虛無縹緲的問題，例如我這麼做到底有什麼意義，畢竟我幾十年之後就會消失在世界上。

有一套解釋這個現象的理論經過多個大洲和國家的驗證，名稱是相當令人生畏的「恐懼管理理論」（terror management theory）。

如果人持續接觸到死亡的念頭，而不是偶爾想起，可能會陷入沮喪和悲傷的狀態。舉例來說，在一項實驗中，研究人員透過詢問特定問題，來讓受試者更意識到自己的生命有限，例如：**請描述你在想到自己的死亡時有什麼情緒？**或是**你覺得自己在生理死亡之後會發生什麼事？**

根據恐懼管理理論，被迫想起自己終將一死——例如疫情爆發——會在大腦中觸發一連串的反應，大多都是無意識想要保護自我（連帶保護自尊），以避免去意識到自己未來會消亡的駭人事實。朝著人生目標層級的頂端思考也會有類似的效果，反覆思量自己的日常生活究竟有何目的，無可避免地會導致你想起自己的生命有限。[341]

數百項針對眾多國家的學術研究證實，被迫想起人會死亡的事實，會使人開始以非常特定的方式思考、感受和行動。[342]最關鍵的是，這會導致我們急於維護自尊，因此會更投入自己的內團體和其擁護的世界觀。根據這套理論，維護這種自尊的目的在於保護自己，不必面對個人之於虛無的永恆微不足道的恐懼。[343]當人想起自己終將一死，就會以多半無意識的方式努力證明自己是有價值的一員，彰顯著所屬文化或政治內團體的價值。這麼做會讓人覺得自我能延續下去，只要可以成為自己熱切追求的更大理念之下的一分子，像這樣的道德價值會賦予受到死亡威脅的自尊一點象徵上的永垂不朽。

大部分宗教給予信徒的是一種真實而非象徵的永生承諾，可以保護他們的自尊不必面對消亡的恐懼。當死亡的念頭盤旋在意識邊緣，就連最虔誠信徒的大腦都會產生典型的反應，而這種心理反應會引發難以忽視的政治後果。

二〇〇七年亞伯達大學（University of Alberta）針對加拿大學生的研究就是一個例子：研究人員選出一群明顯支持加拿大本位主義的學生，他們**非常贊同**「身為加拿大人是構成我的自我價值的重要一環」或「我以身為加拿大人為傲」等陳述。接著他們被分為兩組，並且要閱讀一篇文章；其中一組閱讀的是美國人寫的反加拿大文章，內容都在嘲笑和批評加拿大的一切，例如醫療制度和公民的禮儀。

另一組讀的則是類似的負面文章，但批評對象是澳洲。

接下來，學生要進行文字遊戲，他們必須為頁面上不完整的詞彙填入字母，大部分的詞彙只有一個答案，例如「W_DOW」是窗戶（window）或「P_P_R」是紙張（paper）。巧妙的是，其中有六個詞彙至少有兩種可能的答案，一種答案和死亡有關，另一種則無關。這類需要填空的詞彙包括「BUR_D」可以是埋葬（buried）或燒毀（burned）、「DE__」可以是死亡（dead）或交易（deal）、「GRA__」可以是墳墓（grave）或葡萄（grape）、「KI_E D」可以是被殺死（killed）或被親吻（kissed）、「SK_L」可以是骷髏（skull）或技術（skill），以及「COFF__」可以是棺材（coffin）或咖啡（coffee）。

愛國的加拿大年輕人如果是讀到貶低自身文化和國家認同的文章，會比讀到澳洲文章的組別更容易選填和死亡有關的詞彙。這個現象證實了我們的自尊——包括集體、國家的自我價值——具有抗焦慮藥物般的效果，可以緩解我們對死亡的恐懼。

如果反過來呢？提升自尊心是否能多少保護我們不受不安的死亡念頭侵擾？為了確認這是否屬實，一九九二年亞利桑那大學的研究讓受試者接受了偽造的性格測驗，他們得知的性格評估結果也是假的內容。這些內容可能是中性的陳述——「你想達成的某些願望有點不切實際」，也可能是正面的陳述——「你想達成的大部分願望都有實現的可能」或是「你深層的性格十分堅強」。

接著，兩個組別都有一半的受試者會觀看名為《死亡真面目》（Faces of Death）的影片，這部紀錄片呈現了人死亡的各種方式，而且包含實際驗屍的片段。兩個組別中另一半的受試者則會觀看一部中性內容的影片，和死亡完全無關。

如此一來就產生了四個組別：高自尊／觀看死亡影片；中性自尊／觀看死亡影片；高自尊／觀看中性影片；中性自尊／觀看中性影片。

此時的問題是，自尊提升之後，是否能抑制死亡念頭引起的焦慮感？觀看中性影片的兩個組別都沒有變得更焦慮；平均而言，每位受試者在焦慮感問卷的滿分八十分中獲得了四十四分，屬於正常範圍。至於自尊並未受到激勵且觀看死亡影片的受試者，焦慮感則急劇升高至五十四分。

那麼那些高自尊又看了死亡影片的受試者呢？他們並沒有受到駭人影片的影響，焦慮程度也維持在偏低的四十四分，因此印證了恐懼管理理論的核心概念。我們極力想要獲得自尊和對自身世界觀的支持，是為了擊退攸關生存意義的焦慮感，[344]而且這個機制相當有效。

這種盤旋在意識角落的死亡念頭還會引起其他令人不安的反應。研究人請伊朗的大學生「描述自己想到死亡時被勾起的情緒」，藉此讓他們更加意識到自己的生命有限。接著他們會讀到理應是其他伊朗年輕人填寫的問卷答案，問卷主題是政治殉道，有些答案支持自殺炸彈攻擊（例如，以阿拉之名死去將可以終結西方實行的帝國主義），有些則否（舉例來說，人類的生命太過珍貴，不該作為促成變革的工具）。

接下來，學生要評估自己有多贊同和偏好這些填答問卷的同儕。先前已經產生死亡念頭的學生自評比較偏好支持自殺炸彈攻擊的作答者，而且比起那些沒有被誘導想到死亡的學生，他們也比較贊同支持自殺炸彈攻擊的回答。

後來研究人員針對美國學生進行類似的研究，這些受試者想起自己終將死亡之後，變得更傾向支持可能造成數以千計平民死亡的極端軍事暴力行動。[345]

敘利亞和其他戰爭中的城市遭到摧毀，我們都看過這些令人絕望的影像，單是看到這種影像就足以讓我們更意識到自己終將一死。而正因如此，我們會抱持著更武斷的世界觀，也會更傾向支持軍事侵略行動或是針對他國的恐怖主義。[346]這是值得警惕的惡性循環：致命的衝突導致人類大腦產生改變，進而讓衝突更加惡化。對死亡的恐懼驅使我們起身捍衛自己的世界觀，藉此維護我們的自尊。加拿大記者潔西卡・斯特恩（Jessica Stern）訪問過不同宗教的恐怖分子，包括印度教徒、猶太教徒、穆斯林和基督徒。在二〇〇三年出版的著作中，她的結論指出，這些人的動機源自受到傷害的自尊，因為他們在個人和群體層面都覺得受辱。[347]

要讓數百萬人對單一群體產生歸屬感並不容易，但有一種百分之百會成功的方法，就是透過恐懼和威脅提醒眾人自己終將一死。就如同單一個人會因為遭到輕視而覺得屈辱和自尊受傷，一整個群體的集體自尊也會受損。發生這種狀況時，人類用來對抗死神的關鍵心理防禦機制就會遭到破壞——我們會想起自己的生命有限。這會使人緊貼所屬的部族，並且殘酷地不把外來者當人看。

採用上述的策略來應對我們對死亡的恐懼，伴隨著相當高的代價。矛盾的是，這種做法可能會使我們分心把能量耗費在保護自尊的行動，導致我們投入集體行動以解決大型問題的信心遭到削減。自尊和信心不一樣，並不是一座促成行動以通往未來的橋梁。

政治藥物

政治人物所能擁有最珍貴的資產，就是有一個群體對於自身的集體未來感到有信心。美國總統吉米・卡特的診斷雖然準確，解方卻以失敗告終，因為他等於是要求民眾要做到一定程度的自我否定和道德自我反省，無法獲得美國公民中關鍵多數的贊同。隆納・雷根則善用了卡特的診斷結果，但開立一款共享（至少對部分人來說是如此）且更順口的藥方：解除管制、樂觀和經濟擴張讓美國繁榮發展，直到二〇〇八金融海嘯來襲，接著又遭遇二〇二〇年的新冠肺炎疫情。雷根對金融部門解除管制，是引發金融海嘯的主因，而且儘管相關的經濟政策為他的眾多支持者帶來經濟利益，卻也大幅加劇了美國社會的不平等，還有數以百萬計的民眾落入貧窮的處境。

二〇二〇年，恐懼取代貪婪成為普世的情緒，而就如我們先前討論過的，最容易侵蝕信心的情緒就是焦慮感。政治人物失去了這種珍貴的資源，意味著他們不得不訴諸更高風險的手段來提振選民的心情。這種策略就是要開設名為群體心理的藥局，大舉提升民眾的自尊心。

群體心理提供的藥物效果強大，利用對外團體的假想優越感，將一群人緊緊連結在一起。其中的成員會因此心情為之一振，焦慮感降低，並且從內團體的社會聯繫荷爾蒙所產生的團結感中得到慰藉。這類標榜國家主義、種族或宗教的藥局在世界各地如雨後春筍般冒出：印度總理莫迪（Narendra Modi）、土耳其總統艾爾段（Tayyip Erdogan）、俄國總統普丁、美國總統川普、匈牙利總理奧班（Viktor

Orban）以及其他眾多政治領袖。

這種自尊特效藥的問題和所有讓人感覺良好的物質一樣，到最後，效力會消失，緊接而來的就是副作用。在印度有信心地自認「生活美滿」的人口百分比——也就是脫歐公投前在英國急劇跌落的衡量指標——從二〇一四年納倫德拉・莫迪成為總理後的百分之十四，到二〇一七年下降至只剩百分之三。[348]利用群體心理來提振自尊心，就像服用任何一種讓心情好轉的藥物一樣，終究會導致全國的自信陷入自我毀滅的狀態。這種做法會讓大眾無法專注於採取累積信心的行動，反而一心只想著保護自尊心的手段，以維持對外團體的內團體優越感。維護自尊並不是理性的舉動，因此會從有助於激發信心、解決問題的創造力中掠奪心智資源，然而後者才是推進文明的關鍵。

在我開始寫下這個句子時，全球人口總計有七十七億七千九百二十六萬三千零五十人，而在我寫完這個句子的同時，人口數字已經成長至七十七億七千九百二十六萬三千三百人。如果人人都把心力投入在保護自尊心而不是建立集體信心，我們將無法克服疫情、全球暖化和人類面臨的其他挑戰。不論是為個人還是群體著想，我們都必須要瞭解如何駕馭信心。

12

如何
駕馭信心

How Confidence Works

二〇一九年十二月二十九日，在寒冷陰暗的午後，一名男性離開位於東京的住所，步行八百公尺前往當地的飯店。他在目的地與兩名男性會面，接著三人都搭上前往大阪的新幹線列車。那兩名男性從大阪關西機場附近的飯店離開，用推車搬運兩個大箱子，最後登上前往伊斯坦堡（Istanbul）的私人噴射機。兩天後，在新年前夕，卡洛斯・戈恩在家鄉黎巴嫩首都貝魯特（Beirut）與妻子團聚。[349]

自從一年多前戈恩遭到日本拘留，這位汽車產業巨頭在自家遭到逮捕後就一直待在監獄。他逃過遭到起訴的命運，因為他宣稱起訴後有政治動機而且司法制度並不公平，證明自己非法搭機是情有可原。回到沒有和日本簽訂引渡條約的母國之後，戈恩現在是自由之身。

戈恩戲劇性逃出日本的行動吸引了全球的目光，甚至比他在經營方面的傑出成就更引人注目。戈恩的信心顯而易見，他不僅有自信改變全球汽車產業的未來，更有自信扭轉遭到定罪的命運。

高度有信心的人通常會打破規則，而不是遵守規則，卡洛斯・戈恩的故事就是信心在職場上是雙面刃的典型例子。信心也許能搭建通往你眼中未來的橋梁，但無論是以正規或非正規的形式，打破規則必定會引起衝突和負面感受。沙夏・羅曼諾芙奇和凱西・恩格伯特都是大型金融機構中的先驅女性領導者，她們在公司內推動改革之後親身經歷了上述的反應；剛果外科醫師德尼・穆克維格則是歷經了更慘烈的事件，才意識到這一點；而亞茲迪女性權利活動分子娜迪雅・穆拉德則是在倡議過程中實實在在地見識到保守派的反對力道。

在世界上創造改變需要抱持著信心，這種信心會讓你不論遇到什麼阻力都持續往前邁進。就連像金這樣長年處於低潮、信心低落的年輕女性，在試圖改變原生家庭對自身的看法時，都會感覺到哥哥的抗拒態度。

信心對大腦的抗焦慮和提振心情效果，讓人有能力可以面對這種抗拒態度，而信心十足時會產生的樂觀思維也有相同的效果，只不過有時候會太過樂觀。戈恩、羅曼諾芙奇、恩格伯特、穆克維格和穆拉德都需要這種降低焦慮感且振奮心情的效果，才有辦法突破各自領域的窠臼。

信心可以帶來成功，而隨著成功而來的是權力。權力和信心就像會自我強化的手足一樣，使大腦產生改變並餵養出多種健康和不健康的欲望。對風險的高度容忍滿足的是對成功的渴望；極度專注於目標和對周遭盲目的狹隘注意力其實是一體兩面；強烈的自我信念可能會排擠對他人的同理心；想要改變外在世界某些部分的衝動則會導致個人變得較沒有自知之明。

卡洛斯・戈恩沒有注意到日產的日本同事對他的計畫和行動有何反應，很有可能就是因為權力引起大腦變化。或者，就如同彭博社（Bloomberg）在報導他遭到逮捕時所下的標題：「他沒有料到這一天。」[350]

這個世界需要信心，也渴求有信心的領導者來提振數百萬人的自信。然而，許多領導者卻是利用毀滅性和自傷的方法，來讓群眾感到有信心，例如鼓吹部族主義（tribalism）。那麼，我們應該如何培養出信心沒那麼極端的領導者呢？

自戀傾向與領導能力

「不了，我不想去想這件事。」當達安東尼（D'Antonio）先生請他思考人生的意義，他這麼回答：「我不喜歡分析自己，因為我可能會對結果不滿意。」[351]唐納・川普在二〇一四年對他的自傳作家這麼說，兩年後他就當選了美國總統。從上文引用的內容可以看出，唐納・川普不是只有單一面向，而是至少有兩種版本：被逃避的一面，以及負責逃避的那一面。如我們先前討論過的，川普異常地過度自信，所以值得探討的問題是，這種區分「觀察者」（watcher）與「被觀察者」（watched）的做法，是不是過度自信的人比一般人更常出現的行為。

麻省理工學院研究人員在二〇一〇年的研究顯示，確實是如此。研究人員推論，當人對自己的說法和對自己的信念有衝突，就會習慣性地自我欺騙。[352]以前文的引用內容為例，川普顯露出對自己的懷疑，而在大多數情境下他都會盡可能避免這麼做，並且以誇大肯定自身能力來取代任何懷疑態度。有一段影片合輯把川普宣稱「沒有人比我更懂」的片段剪輯在一起，其中包含各種主題——從無人機到銀行業、基礎建設到核子武器、再到伊斯蘭國（ISIS）和環境衝擊。[353]

麻省理工學院的研究人員指出，過度自信是虛張聲勢的一種形式，目的是說服和支配他人，就像狗會發出有威脅意味的低吼聲一樣。不過，要讓虛張聲勢發揮效果，你必須先說服自己，因此會需要自我欺騙。如果你不用自我欺騙的態度面對自己真正的實力，那一絲懷疑就會從臉部表情、姿勢和說話方式流露出來，把自己包裝成超人的能力也就會大幅縮水。

這種自我膨脹的思維或主張，正是「狂熱防衛心」（defensive zeal）的典型例子，這是紐約大學（University of York）心理學家在二〇〇三年的研究所提出的概念。狂熱防衛心的特色是表現出極度確信的態度，以及熱烈地公開發表自己的信念，通常會逐漸演變成「咆哮」行為。研究人員指出，無意識地保護著脆弱自信的人，會比一般人更容易展現出狂熱防衛心，尤其當他們想到讓自己感到焦慮和不確定的情況時更是如此。這種態度之所以有用，是因為大聲說出自己確信的事有助於抑制深層的焦慮感，儘管效果有限。[354]

信心其實不算是一道保證通往未來的橋梁，而且總是會牽涉到某種程度的過度自信，因為我們對未來沒有百分之百的把握。話雖如此，極端過度自信完全是另一回事，這種不成比例的虛張聲勢所涉及的自我欺騙程度遠超過一般生活所需。呈現出極為過度自信的態度，背後一定是巨大的自尊心，而且這種自尊心通常都會順勢變成自戀。過度自信是自戀人格的關鍵要素，而其中包含對所有潛在領導者都該仔細審視的七大徵兆。[355]

權威感（Authority）：我很擅長影響他人並且被視為領導者——我喜歡當老大。

自足感（Self-sufficiency）：我很少仰賴他人完成工作，因為我自己一個人會做得比較好，而且我喜歡作決策。

優越感（Superiority）：其他人都說我很優秀，所以我知道自己很特別，而且我喜歡別人稱讚我。我希望總有一天，有人會幫我寫傳記。

表現欲（Exhibitionism）：我喜歡炫耀和吸引注意力，謙虛低調不適合我。

利用欲（Exploitativeness）：我可以讓他人相信任何事，因為要操控他們很容易。如果出現問題，我一定可以找到某種說法讓自己從大部分的情況中脫身。

虛榮心（Vanity）：鏡子裡的我很好看，我喜歡看著自己，也很享受盡情炫耀自己的身材。

擁有欲（Entitlement）：在得到所有我應得的東西以前，我不會滿足，所以我對他人的期望非常高。如果我可以握有控制權，這個世界一定會變得更好。

極端過度自信一定會造成問題，幾乎無一例外，從錯誤截肢到公司倒閉都能。極端自戀的人如果位居高位，很有可能會帶來災難，因為他們不僅高估自己的能力，還無法區分自身利益和什麼才是對他們所領導的組織有益的作為。

二〇一五年針對領導者自戀傾向的研究則得出了更精準的結論，研究人員發現人越是自戀，就越可能升遷到領導階層——主要是因為這類人的性格比較外向。然而，在工作表現方面，就個人自戀程度和其上司、同儕及下屬評價的表現之間，研究人員沒有觀察到任何關聯性。儘管自戀傾向可以讓個人到主管職位，卻無法讓人變得擅長這項工作。[356]（至於這項觀察有多少程度可以套用在女性領導者身上，我們不得而知。）

不過，這個簡潔有力的結論其實有點小瑕疵。伊利諾大學的研究人員發現的證據顯示，自戀傾向和領導者表現之間呈現鐘形曲線的關係：換言之，一定程度的自戀和比較擅長擔任主管之間**確實**有關聯性，而過度自戀則會讓人變成更加糟糕的上司。

一點點自戀傾向對於領導者來說會是加分嗎？西格蒙德．佛洛伊德（Sigmund Freud）認同這個說法，他在論文《論自戀》（*On Narcissism*）中寫到：「領導者本身不需要其他人的喜愛，他也許天生就具備高超能力，因此絕對地自戀、自信且獨立。」[357]

以這項觀察為基礎，一項一九九七年的研究從可靠來源蒐集歷屆美國總統的性格描述，並在排除可識別的個人資料之後，請心理學系的學生根據嚴謹的標準來評估這些總統的自戀傾向。接著研究人員比較了這些評估結果和史學專家對每位總統的評價，也就是其表現或「偉大程度」和魅力。有魅力的領導者自有一套發言和表現自己的方式，進而散發出能夠啟發和影響追隨者的個人吸引力。卡洛斯．戈恩所在的企業界是如此；沙夏．羅曼諾芙奇和凱西．恩格伯特所在的金融界也是如此，而且我們可以合理推測，她們女性版的魅力是否不符男性主導產業的胃口。

上述的研究發現，總統的自戀傾向確實和魅力及表現都有關聯性。根據研究人員的分析，二十世紀最自戀的總統是富蘭克林．德拉諾．羅斯福（Franklin D.

Roosevelt），他的魅力相當為人所知，而且因為在經濟大蕭條和第二次世界大戰期間守護美國的表現而備受愛戴。[358]

這可能意味著在部分情況下，自戀衍生的過度自信是一種優點，不過羅斯福是最後一位連任超過兩次的總統應該也並非巧合——他連續當選四屆美國總統。握有權力越久，權力就越大，握有權力者過度自信的自戀傾向增加的機率也會隨之上升，而且是往自戀鐘形曲線錯誤的那一端增加。

這就是自戀衍生過度自信的雙面刃——一方面可以透過賦予信心來啟發和屈服數百萬人；但另一方面卻也可能因為自戀領導者自我中心、只顧自身利益的決策和過度樂觀的誤判，而拖累數百萬人。自戀的目的是支撐自尊心，而當虛張聲勢隨著權力和成就增長，自尊也會變得更加無法承受輕視和侮辱。高度自戀的領導者最主要的動機通常不單是追求更遠大的良善目標，同時也是為了保護巨大和脆弱的自尊心，而且後者向來都是這類人的優先考量。

然而有時候，如果領導者把自己視為政治家，會讓他的能量**同時**流向更遠大的良善目標，**以及**保護自尊心這項重要任務。在此情況下，自戀衍生的過度自信可能會成為強大的力量，足以啟發數百萬人，羅斯福就是典型的例子。這是一種高風險策略，而且沒有多少領導者能成功以這種方式運用權力。在自戀領導者啟發人心的誇大假象背後，總是有脆弱的一面潛伏著——那個焦慮的「觀察者」，擔心著自己可能**對眼前所見不滿意**。為了維持那種永無止境的看守狀態，以及擊退敵人來守護同時存在於大腦內外的膨脹自尊，需要耗費龐大的心智和情緒能量。

那麼，我要如何找到可以激發信心卻又不濫用信心的領導者呢？

女性的領導力

最能考驗領導者的事件莫過於疫情，全世界的政府在二〇二〇年都發現了這一點。根據死亡率來衡量，部分國家在第一波疫情時表現出色，包括台灣、德國、芬蘭、丹麥、冰島和紐西蘭；與表現不佳的國家，例如美國、巴西、俄國和英國。

這項排名令人驚訝的地方在於，這些因為死亡人數最少而表現良好的國家——領導者全都是女性。相對地，表現最不理想的四個國家都是由男性所領導，而且領導者有明顯自戀、過度自信和民粹主義傾向。這只是一項觀察，並不能算是決定性的證據，因為要考量人口規模等眾多原因。話雖如此，這不禁令人想問，女性的領導能力是否會是一種解方？可以善用信心的益處，同時將負面影響減到最低。

領導者握有權力，而女性領導者**也可能**受到這些自戀個人特質變化的影響。舉例來說，根據神經科學家和前英國外交大臣大衛．歐文（David Owen）的研究，前英國首相柴契爾夫人（Margaret Thatcher）確實屈服於這種變化。[359]不過面對權力可能對大腦造成的成癮和性格扭曲影響，女性比較有抵抗力，[360]其中牽涉到幾個原因。

我們先前討論過，只有男性會受益於手感效應。女性在擊敗另一個人——也就是支配對方——之後，並不會經歷和男性同樣的荷爾蒙飆升狀況。這種荷爾蒙變化會促進大腦獎賞網絡中的睪固酮和多巴胺活動，當飆升狀況不斷重複且十分明顯，可能會導致人陷入半成癮的進程，類似於古柯鹼成癮和其他成癮症狀。相對而言，女性比較不會受到這種影響。

與他人競爭而荷爾蒙飆升的另一個特徵是**呼吸困難**；當人想要獲勝的欲望太過強烈，大腦會分泌過多的多巴胺，結果反而妨礙到表現。[361]經濟學家發現，例如相較於實力有差距的賽事，在不相上下的職業網球比賽中，選手有比較高的機率在關鍵時刻呼吸困難，結果浪費掉領先優勢。[362]不過，以職業網球比賽的分析而言，女性比較不容易在承受壓力時呼吸困難。女性也許無法享有手感效應的益處，但她們也不會被手感效應的邪惡姊妹呼吸困難妨礙。

如果比起享受獲益，更厭惡損失——亦即損失規避——也會成為冒險的阻力。女性比男性更傾向損失規避，這表示平均而言，她們對風險的判斷比男性更健全。[363]這種謹慎的做法在業餘的金融交易上可以帶來報酬，就如我們在第九章看到的例子。更頻繁的交易意味著更龐大的損失，而男性的交易次數遠多於女性，所以最後的損失高出五成之多。[364]沙夏．羅曼諾芙奇非常清楚，接受道德堪慮的客戶和採取行動減少這類客戶，會為公司帶來名聲和其他層面的風險。她的失勢反映的是她與同事之間的價值衝突，而不能歸咎於她拒絕承受商業風險。

在全球蔓延的疫情迫使領導者要精準評估風險，並且採取適當的手段來降低風險。在還有機會擋下疫情的階段，不少國家的總統如波索納洛（Jair Messias Bolsonaro，巴西總統）、川普和普丁都小看了新冠肺炎的威脅。在一段二〇二〇年三月三日拍攝的影片中，儘管當時疫情迅速延燒，英國首相鮑里斯．強森卻得意洋洋地表示：「我沒有改變握手的習慣……有一天晚上我人在醫院，我想現場應該有幾位新冠肺炎患者，我還是和**每個人**都握了手。」[365]

一個月後，強森被送進英國一家醫院的加護病房，據他本人的說法是「為了活下去而戰」。[366]他對新冠肺炎的風險意識在這次經驗後有所提升，不過令人訝異的是，一位高智商的男性——世界級的領導者——居然需要透過如此直截了當的方式親身體驗到風險，才能扭轉自己的意識和行為。一位英國政府的科學家顧問指出，如果當初強森願意根據世界各地的驚人證據來判斷風險，甚至只要早一週下令英國封城，就能拯救二萬條生命。[367]在美國、巴西和俄國，還有更多數以萬計的民眾死亡，就因為他們的領導者同樣過度自信並且對風險視而不見。

男性的過度自信相當危險，也許這種態度對卡洛斯．戈恩來說有效，但他沒料到自己那天早上會在東京遭到逮捕，也許意味著他還是有對風險盲目的一面。他沒有審慎考量計畫可能遇到的阻礙以及日本的行事作風，最後付出了代價。

領導者必須承擔風險，畢竟沒有風險，通往未來的橋梁就會行不通，但是駕馭信心需要在以下兩者之間取得平衡：盡力達成目標的同時預期各種危險。平均而言、女性可能比男性更擅長達到這種平衡，原因在於女性大腦對競爭和權力所產生的反應。她們既不會因為擊敗另一個人而荷爾蒙飆升，也不會因為情勢緊張而感到相同程度的壓力以至於呼吸困難。儘管女性並非對過度自信的自戀傾向完全免疫，不過相較於男性，她們受到的影響較少。

當然，許多握有權力的男性確實能維持獎勵與風險之間的平衡，但這裡提到的現象是平均而言的性別差異，這與兩性對權力的反應有明顯的重疊之處。話雖如此，就如我們在第六章所討論的，女性從信心以及平衡獎勵與風險之中獲益的效果，會因為她們與男性互動而遭到系統性的抑制。她們固然可以毫不留情地與他人一較高下，但是當男性參與其中，女性通常會選擇避免這麼做。正因如此，女性比較難以享有信心所帶來的絕佳優勢。

女性特質之所以能讓領導者以副作用較少的方式運用權力，另一項原因就是在西方文化中，女性的自我通常比較偏向與人際關係緊密交織，而男性的自我概念則比較偏向孤立的個體戶。這就是競爭對女性來說很棘手的原因之一，因為打敗或支配他人可能會威脅到她們重視人際關係的自尊。

就如密西根大學的研究人員在二〇〇五年所證實的，女性比較顧及社交關係的自我概念，使得她們在接下權力時，大腦和行為遭到扭曲的程度更輕微。

不論是哪一種性別的人，如果追求權力的動機是比較為集體著想的原因，例如做為家族、團體、理想或組織的代表，而不是出於維護自尊，這類人在行使權力時較不易產生可能成癮的荷爾蒙飆升反應。[368]上述的性別差異可以解釋為何波索納洛、川普、普丁和強森這些領導者對風險盲目的吹牛特質，是男性領導風格的一大特徵，比較少在女性領導的情況下出現。

針對數百項領導效能研究進行文獻探討的兩份獨立論文都指出，女性和男性一樣有能力成為出色的領導者。[369]事實上，其中二〇一四年的那份論文發現，當領導者的能力完全是根據同僚的評價界定，平均而言女性會是比男性更優秀的領導者。女性也有同樣好勝的一面，雖然有男性加入競爭時對女性來說會比較棘手。而且就如我們第七章所看到的例子，在遭到挑釁的情況下，女性有可能會變得和男性一樣具有攻擊性。整體而言，女性其實也沒有比較厭惡風險。

顯然，如果要避免過度自信的壞處，同時獲得信心所帶來的好處，其中一項關鍵就是要大幅增加世界各地女性領導者的人數。

集體主義對比個人主義

如果我們能夠以全新的角度看待人類：基本上是彼此依賴的社會性生物——沒有所謂的羞愧感、沒有恥辱、沒有「女性化」——我認為眾人會以不同的方式對待彼此，因為我們不再是以個人的自身利益來定義自我這種概念。[370]

以上這段文字出自作家及學者朱迪斯·巴特勒（Judith Butler），精準闡述了第七章提到的**經由連結建構自我**的概念。由於這種相互交織的自尊心和人際關係有緊密的連結，對於權力、過度自信和自戀所產生的扭曲副作用更有抵抗力。正因如此整體而言，權力交到女性手上會比較安全。

在世界各地也有數億的男性因為文化影響，而有比較以連結感為主的自我概念。這些人生活在集體主義心態的國家，而不是高度個人主義的西方國家如美國。

小麥WEIRD，稻米很讚

相較於抱持個人主義的人，有集體思維的人在思想和觀點上都呈現出明顯的差異。現在就讓我們用其中一種方法，來區分出這些差異。

試著做做看這份簡短的測驗。以下有五個包含三個詞彙的組別，請從各組中選出你認為最適合搭配在一起的兩個詞彙：

火車（Train）巴士（Bus）軌道（Tracks）

熊貓（Panda）香蕉（Banana）猴子（Monkey）

洗髮精（Shampoo）潤髮乳（Conditioner）頭髮（Hair）

椅子（Chair）靠墊（Cushion）桌子（Table）

皮夾（Wallet）錢包（Purse）鈔票（Banknote）

在檢視答案之前，請先準備好一張紙和原子筆或鉛筆，接著畫出你的朋友圈圖表。用一個圓圈代表自己，其他每一個圓圈則分別代表一位朋友。如果其中的兩人之間有關係，請在他們的圓圈之間畫一條直線，但是不要在你自己的圓圈和朋友的圓圈之間畫線，因為你和全員都有關聯。

現在讓我們來看看你的詞彙測驗答案。你的答案是**火車**、**巴士**；**熊貓**、**猴子**；**洗髮精**、**潤髮乳**；**椅子**、**桌子**；**皮夾**、**錢包**嗎？

如果是，你基本上屬於「WEIRD」類型——容我補充說明一下，這不是怪異（weird）的意思——而是「WEIRD」，亦即個人背景具有西方（Western）、受過教育（Educated）、工業化（Industrialized）、富裕（Rich）和民主（Democratic）等特徵。此外，如果你住在中國，則比較有可能來自種植小麥的北部區域，而不是生產稻米的南方地區。相對地，如果你的答案比較類似**火車**、**軌道**；**香蕉**、**猴子**；**洗髮精**、**頭髮**；**椅子**、**靠墊**；**皮夾**、**鈔票**，你比較有可能來自東亞國家，而且如果你是中國人，則比較有可能來自生產稻米的地區。

一頭霧水嗎？我稍後會詳細解說，不過現在我們要先觀察一下你社交網路中的圓圈。準備一把尺，並測量代表你自己的圓圈大小，接著和代表朋友的圓圈進行比較。如果你來自美國，你自己的圓圈平均而言會比朋友的圓圈大出六毫米。

相對地，歐洲人平均而言會把自己的圓圈畫得比朋友的圓圈大三・五毫米。至於日本人呢？代表自己的圓圈會稍微小於代表朋友的圓圈。

那麼，這背後有什麼意義呢？不同文化有不同程度的個人主義或集體思維，西方文化如美國、歐洲和澳洲是比較注重個人的社會，而東亞國家如日本和韓國則比較重視集體。還有一項證據可以確保這樣的現象並不是受到種族或經濟因子影響：中國種植小麥和稻米的地區也有這樣的差異。

種植稻米是極為勞力密集的作業，至少要付出比種植小麥多兩倍的勞力，還必須打造和長期維護灌溉系統，並且在特定時間點完成一連串的插秧和移植作業以及眾多其他活動，這表示一個社區如果要自給自足，唯一的方法就是集體合作。相對地，種植小麥則不需要這麼密集的集體合作。

生活在中國生產小麥和稻米地區的大多數人都已經不以務農維生，儘管如此，當地的文化已經發展成特定的傳統，其中多數人都在經過社會化後抱持著個人主義或集體心態。於是這些思維會變成文化的一部分，並且代代相傳。[371]

就實際面而言，以上種種現象表示個人主義、「以我為尊」的社會通常屬於「WEIRD」類型，思考方式偏向分析，而集體心態、「注重我們」的文化，則會以比較顧及全體的方式思考。分析思維（analytical thinking）指的是會觀察到詞彙之間的抽象關係（例如猴子和熊貓），這種關聯性完全獨立於另外兩個詞彙（猴子和香蕉）之間明顯的日常關聯性。具有分析式思維的人有能力跳脫出具體或個體層次，並分析出比較抽象的特徵。

分析式思維的另一個例子是，當人在比較小正方形中的線條長度，以及在較大正方形中長度相同的線條，分析思維的人更善於忽略作為背景的外框，而外框的效果就是要讓小方格中的線條顯得相對較長，讓大方格的線條顯得較短。具有分析思維的人通常能夠忽略背景的影響，正確判斷出兩條線一樣長。抱持全觀思維（holistic thinking）的人則比較難做到這一點，他們容易受到背景影響，並且判斷兩條線的長度不一樣。

在情緒層面也可以觀察到這項差異：具有分析思維的人容易感受到的情緒，通常會把重點放在自己有達成還是沒有達成個人目標，也就是驕傲、憤怒和沮喪。相對地，來自集體文化且抱持全觀思維的人則會對社會情緒有較強烈的共鳴，例如罪惡感、羞愧感和對他人友善，換言之，就是和社會和諧有關的感受。[372]

這種對人際關係的重視，會使得抱持全觀思維的人之間比較容易出現裙帶關係——比起來自北方產小麥文化的人，來自產稻米地區的中國人更容易有偏袒友人的表現，而且比起陌生人，他們明顯不太會對友人的負面行為作出懲罰。另一方面，具有分析思維的人比較可能會懲罰行為不良的朋友，因為他們會應用呼應這種心態的抽象概念，包括公平和中立。

這類南北方中國人之間的差異和西方及東亞文化間的不同有異曲同工之妙，而世界上還有很多其他國家普遍是抱持著全觀思維。有趣的是，就發明的專利而言，WEIRD文化通常有較高的創新率，想必是因為以分析模式思考比較容易產生新穎的想法；不過離婚率也因為個人主義而偏高。這些比較結果可不只是出現在西方資本社會的特徵，專利和離婚率在過去種植小麥的中國地區也是高於舊時的產米區域，而且和財富或都市化程度無關。

西方的自由派在思想層面會比中立派或保守派更偏向WEIRD，無論他們住在哪個地區。[373]自由派展現出的分析思考模式，在中國的產小麥區相當常見，也就是公平和互惠。相對地，保守派擁護的那一套價值，使得他們更偏向全觀稻米型的思維。其中首要的價值就是對群體或部族忠誠；第二則是對威權表示尊重和敬意，因為領導者和制度對於維護社會秩序來說不可或缺；最後，具有**神聖性**的特定人物、物品和觀念必須要受到尊重和保護，不可褻瀆，例如讓人與人團結一心的旗幟、領導者或核心信念。[374]

我們可以從這個觀點來理解脫歐和川普所引發的政治動盪；在這兩起事件中

都有一股強勁的趨勢，也就是較年長、較保守、教育程度較低且較貧困的一群人投票選擇的選項，徹底震撼了偏向分析式WEIRD思維的英美政治機構。

歐盟正是WEIRD思維的典型代表，這是由理性、明確規範、跨國政府組成的制度，標榜公平、互惠，並且以協助最窮困的國家和地區為目標。唐納．川普的總統大選對手希拉蕊．柯林頓也是WEIRD思維的代表性人物——冷靜而理性，不訴諸情緒性的手段來激發出部族的排斥外團體態度。

小麥思維相對於稻米思維代表的不只是相異的思考模式，更是有截然不同價值觀的兩種文化。分析型的小麥思維重視的是人人平等和關心弱勢，而全觀型的稻米思維重視的則是忠誠、權威和尊嚴。稻米思維的人傾向於對外團體抱有敵意和歧視，而小麥思維的人則反對這類行為。

贊成與反對脫歐的人民以及支持與反對川普的公民之間勢不兩立的狀態，其實可以從這個角度來理解。這無關乎理性的政治辯論，而是兩個交戰群體之間單純因為價值碰撞而引爆的部族衝突。這種群體之間的衝突是相當普遍的人類群體行為。

在日本和中國南方等地區，「我」的概念中含有比較多「我們」的概念；而在高度個人主義的國家如美國，「我」就是單純的「我」。日本等國家的人民沒那麼重視個人的自尊和自信——也許這就是卡洛斯・戈恩在這個國家失勢的原因。也正因如此，比起西方國家的人民，這些國家的人民平均的自尊和自信程度偏低。不過要知道的是，種族因子無法解釋這種國家差異，因為英屬哥倫比亞大學（The University of British Columbia）在二〇〇四年的研究顯示，加拿大人移民到日本之後變得比較沒有自信，而日本人移民到加拿大之後，本身卻變得更有自信。[375]

自尊的組成是以個人或集體為主，也會導致個人的記憶產生偏差。當美國和日本的受試者回想自己是**影響**還是**配合**他人，就出現了上述的現象。影響他人的例子包括「我說服姊妹不要和我知道是個混蛋的男人約會」；相對地，「上個學年我室友的男朋友搬進我們的住處，我不得不配合」則是配合他人的例子。美國受試者記得比較多自己發揮影響力的事件，而日本受試者則回想起更多自己配合其他人的情況。發揮影響力使得美國受試者在個人層面上比日本人更有信心；相對地，配合他人使得日本受試者自覺與他人更緊密連結，美國受試者則沒有這樣的現象。[376]

我們已經知道，信心發揮作用的方式之一是有如變形鏡，亦即人類大腦比較容易對可提振自尊心的意見反饋產生反應，而不是會威脅自尊心的資訊。舉例來說，就是因為如此才會有統計上不可能的多於半數的人，在駕馭能力等領域自認高於平均。[377]比起如日本和韓國的集體文化，這種自我膨脹效應在如美國和西歐等個人主義文化中更為顯著。「我們」思維的個人不像「我」思維的個人一樣需要吹捧自尊心，所以對於自身能力的評價較為實際。[378]

不同類型的自尊面對成功和失敗的反應也大不相同；舉例來說，加拿大學生面對他們自認表現良好的作業，更有意願堅持下去，而日本學生更願意堅持下去的，則是他們自認表現不佳的作業。[379]

我們在第三章討論過，雙親用何種態度面對孩子的失敗，會左右子女對自身能力的觀念。如果雙親把孩子的失敗視為學習機會，而非天生能力出了問題，孩子就會漸漸培養出成長心態。事實上，日本學生之所以在看似是失敗的經歷後更加堅持，是因為他們偏向集體的自尊比較不會因為個人的失敗而受到威脅。所以，日本學生傾向於把失敗經驗解讀為教訓的訊號，讓他們有練習和改善的機會。由於這些學生的自我觀念並不固定，反而更偏向流動且相互連結的狀態，他們能夠把失敗當作自我進步的手段並從中獲益。

相對地，失敗會對加拿大學生偏向孤立、個人的自尊造成威脅，因此他們會避免失敗，轉而專注在自認擅長的作業上，來為孤立的自尊提供一點保護。

以上述的觀點來看，時任日產汽車會長的卡洛斯·戈恩和當時剛上任的日產執行長西川廣人，面對二〇一七年的危機有不同的反應，其實是很耐人尋味的現象。當年日產因為檢查不當而必須召回一百二十萬輛汽車，而且日本工廠也必須停工兩週。儘管西川才上任幾個月，問題又是在戈恩擔任執行長的時期發生，但在蒙羞的日本高層要求之下，進行儀式性公開道歉的人是西川，他還自願降低薪酬，即使他的待遇和戈恩相比根本是小巫見大巫。

根據媒體報導，據傳戈恩要求日產每年支付掛名顧問的胞姊十萬美元，還要負擔他的私人家庭旅遊，以及位於巴黎、東京、阿姆斯特丹、貝魯特和里約（Rio de Janeiro）五處的豪宅。[380]二〇一八年，日本智庫外交政策研究所（Foreign Policy Institute）的代表在《日本時報》（*The Japan Times*）發表一篇評論文章，其中解析了我們在前文討論到的思維碰撞現象。他在文中寫道，儘管戈恩的報酬相當驚人，在日本仍受到歡迎，因為戈恩一直以來都提倡「努力的價值、簡樸的生活、為未來節能和服務社會」。這位學者進一步指出，「……目前戈恩的公眾形象和私人生活遭到揭露的部分，讓許多日產的日本員工憤恨不平」。[381]戈恩對於所有違法指控一概否認，宣稱有人圖謀要將他逐出公司。[382]

戈恩是終極的個人主義者和極具信心的商業巨頭，他的觀念和集體主義的日本文化發生衝突，嚴重到最後鋃鐺入獄。當然，在這一連串事件中，也牽涉到眾多其他政治和商業因素，但可以確定的是，將戈恩推向成就高峰的自信，最後也導致他在公司黯然下台。戈恩不僅活生生演示了信心極度膨脹的正面和負面影響，也是很精采的案例研究對象，可以用於探討個人信心在集體主義文化中可能呈現什麼樣貌。這時就必須談談關鍵的問題：是否有辦法運用集體的自信，並且讓眾人一起變得更有信心？

學習集體信心

金在青少年和二十多歲的時期花了很多時間在社群媒體上，導致她自覺是「輸家」（她本人的用詞）的感受更加惡化，她可以看到自己沒受邀的派對、沒去成的旅行以及沒達到的成就。在 Facebook 或 Instagram 上，其他人的成功一覽無遺，所以對於像金這樣缺乏信心和充滿焦慮感的人來說，要證明自己是個一事無成的失敗者實在太過容易。

資料科學公司 Starcount 和劍橋大學研究人員在二〇一九年合作進行的研究顯示，在社群媒體上，青少女追蹤的男性名人多於女性名人。[383]青少女受到「女性主導」（The Female Lead）活動的鼓勵，開始追蹤激勵人心的高成就女性人物之後，情況便開始產生變化。提供多元的女性榜樣讓青少女可以追蹤，並且呼應她們的個人興趣和職業生涯期望，與社群媒體的互動就會有所改善。這些女孩的社群媒體貼文開始用到和信心相關的詞彙，例如**志向**、**夢想**和**熱情**。

之所以有這樣的現象，一部分是因為青少女追蹤的新女性人物，另一部分則是因為她們的動態消息有改變，導致演算法產生反應。另一種對於提振信心比較有效的榜樣和文章開始出現在青少女的行動裝置上，於是這些女孩的線上社群變成了集體對於成就更具信心的空間。[384]一群人確實有可能培養出集體信心，即便有數百萬人也一樣，而領導者在其中扮演了十分重要的角色。那麼，有辦法學會集體信心嗎？

二〇一四年一項針對衣索比亞貧困且無糧食保障地區的研究指出，確實有辦法。一個地區的貧窮狀態會影響整個社群的「可以做到」和「可以實現」期望，畢竟當身邊的人都陷入困境，個人的期望自然而然就會下修到符合看似無可改變的現實。

經濟政策研究中心（Centre for Economic Policy Research）的研究人員請地方發展專員去尋找一些克服逆境後改善生活的真實故事，接著從中選出十名故事主角，並以他們的人生為主題製作紀錄短片。影片記錄了他們的成功故事，包括從成立小型事業到多方開發收入來源等事蹟，還有主角的伴侶和指導者現身證明他們具備了毅力、決心和可靠等個人特質。片中特別強調的是這些主角儘管有獲得一些外界協助，但主要還是透過自身努力成功。

換言之，紀錄片的目的是要建立當地人的信心，而且同時從信心的「可以做到」和「可以實現」元素著手。研究人員花一小時放映這十部紀錄短片供一群村民觀賞，結果相較於觀賞娛樂電影的安慰劑控制組村民，觀賞勵志紀錄片的組別在六個月後的行為出現了顯著的改變。[385]

首先，他們的志向——「可以實現」的期望——有所提升，而且還開始存錢，也在經濟上變得更穩定。這些村民讓更多孩子去上學，而且這些社區的居民對於自身生活的控制感——我們在前文討論過，這是形成信心的其中一個關鍵——也呈現上升趨勢。

信心可以習得，包括大規模群體的集體信心，甚至是整個國家。德尼．穆克維格和娜迪雅．穆拉德在各自所屬的保守社會都成功駕馭了集體信心，進而改變整個社會對女性的態度。

那麼是否有方法能結合個人主義和集體文化各自的優勢，來更有效地駕馭個人和集體信心？

思維賦予能力

教育可以使個人變得更富有和健康，因此也進而讓他們所居住的國家變得更富有和健康。人民充分接受教育的國家有能力吸引高技術、高價值的產業，並累積經濟成果。不過，這背後還有另一個比較難以察覺的原因。

首先，請花點時間思考以下兩段關於健康的對話。

對話一

你要怎麼變得更健康？

我可以更常運動。

你要怎麼更常運動？

我可以去跑步。

你要怎麼安排去跑步？

我可以在早上去上班前設定一個時間。

對話二

為什麼你會想要變健康？

這樣我才能減重和變得更好看。

為什麼你會想要減重？

因為過重對身體不好。

為什麼你會覺得這對身體是壞事？

因為我想要享受人生，如果生病了就很難實現。

這兩種對話的差異在於，第一段對話是透過「怎麼」的問題推動，並將範圍逐漸縮小到一些具體細節，而第二段對話則是以「為什麼」的問題推動，比較廣泛和抽象。「怎麼」類型的問題會引導大腦把重點放在具體細節和行動；「為什麼」類型的問題則會迫使人從更廣泛、更抽象的層面去思考。

單是像對話二一樣使用抽象的語言，就足以讓人覺得更有權力，並因此感到有信心。抽象的詞彙和概念屬於統整的類別，在其之下集結了各種偏向一般概念的具體例子，像是**家具**之於**椅子**、**情緒**之於**憤怒**，或**目標**之於**我想要戒菸**。當你想著要使用這些詞彙，通常會比較不受眼前情況的限制，因此大腦可以納入特定類別之下的更多具體實例，也就是接受更大範圍的可能性。如此一來，你的大腦可以容納更多選項，讓你覺得一切更在掌控之中，並因此感到更有權力和有信心。

抽象思維也有助於你設想未來，因為你不再受限於特定情境的具體細節，所以能夠展望更加寬廣的時間範疇。在這種情況下，你會傾向於思考未來的機會，包括近期的可能性和長期的威脅，例如健康狀況。這就是為何教育是可以預測健康的生活形態行為——像是不抽菸和飲食均衡——以及預期壽命的準確指標。[386]

抽象思維也能讓你與周遭社交圈或社群之外的人產生連結，例如透過人權、共通人性或歐洲公民等概念將人與人連結在一起。

這種良好教育所培養出來的思維，會使人覺得自己更有權力，但也會改變人的行為模式。在一項實驗中，一群受試者必須要規劃新的組織，並且在這個架構之下分配角色給每一位受試者。半數的受試者被要求採取具體思維，就像上述的對話一，而另一半的受試者則必須從抽象層面思考。結果不論這些受試者教育程度為何，被隨機分配到抽象思維的受試者在規劃組織時，會把自己安排在較高階、責任較重且較有權力的角色。[387]

當人以具體的觀點思考，會專注於特定情境的細節——語言會促使你把注意力集中在具體細節上。舉例來說，如果民眾對於國家的移民比例感到擔憂，具體的反應就會是強化實體邊界以減少移入的人口——用唐納・川普的話來說就是，蓋一座牆。抽象的語言可以讓人不受限於特定情境的細節，因此有助於發想各式各樣的可能性，而不是在眼前問題的具體細節鑽牛角尖。實際的例子包括協助移民的母國發展經濟，或是引進國家身分證制度，提高非法移民的門檻。

如此一來，不局限在眼前問題的明顯具體細節，這種感覺會帶給人更強烈的控制感，進而帶來信心和權力。讓人感受到可能性、權力和信心之後，抽象思維會讓心智處於更加積極、充滿希望的狀態，並且把專注力都集中在可能性之上。相對地，具體思維會使人更關注具體的執行層面和潛在阻礙。換個角度來說，可以確定的是，所有企業在執行階段都需要具體、務實的思維。

價值

二〇〇八年一項針對七十三家荷蘭企業的研究顯示，企業執行長如果有良好的道德操守，就會是比較優秀的上司。根據直屬下屬的評價，堅守道德的主管所帶領的管理團隊會有較出色的成效，員工也會較為樂觀地看待公司的未來。388

以自我肯定的角度來看，這樣的研究結果也許並不令人意外。謹記自己最核心的價值，有助於緩衝威脅和羞辱對自尊心的傷害，也會降低個人對外團體的部族意識與偏見。而由於自尊心在獲得自我肯定之後，受到威脅的感覺會減輕，握有權力的人就不需要耗費龐大的心理能量來捍衛自尊心。這種現象不只會出現在處於支配地位的領導者身上，而是所有人都是如此。價值和道德標準為自我奠定了更穩固的基礎，相較之下，單純維護自尊心的做法則是要不眠不休地抵禦威脅。這兩者也能夠緩解權力對大腦的影響，因此有助於減少過度自信的負面效應。

道德價值會讓自尊心意識到還有更遠大的目標，並藉此達到馴化的效果，如此一來就能在抑制自尊心的同時解放自尊心。價值有抑制的效果，避免自尊過度猖狂，同時也有解放的效果，使得自尊心意識到更遠大的目標，也就較不容易感到受威脅和羞辱。

柏克萊加州大學（University of California, Berkeley）的研究顯示，富人比窮人擁有更多權力和信心，行為上也比窮人更沒道德和自私。不過，這個說法成立的前提是，物質——換句話說，金錢和財產——凌駕於富人的價值之上。[389]

在二〇〇七年的蓋洛普調查中，有一百三十二個國家的人民被問到以下的問題：**你覺得自己的人生有重要的目標或意義嗎？**令人訝異的是，國家越是富裕，回答「有」的人數就越少。在認為自己的人生有意義這方面，位居榜首的是獅子山共和國（Sierra Leone）、厄瓜多（Ecuador）、安哥拉（Angola）、查德（Chad）和寮國等國家的公民；墊底的則是日本、西班牙、法國、比利時和香港。[390]

可以解釋這項差異的就是宗教信仰；如果你對「宗教是你日常生活中很重要的一部分嗎？」這個問題的回答為「是」，那麼你極有可能會認為自己的人生有重要的目標或意義。價值是大多數宗教**存在的理由**，而比起找不到人生意義的人，人生有明確意義的人會活得更久、更健康。[391]價值可以幫助權力在握的人降低因為自戀而過度自信的風險，也能減緩地位低落對較窮困、地位較低的個人造成的侵蝕信心效果。

那麼，要如何結合個人主義和集體主義思維的優勢，來培養出健康的信心？其中答案是在領導者心中養成道德價值，進而影響追隨者的價值。就心理層面而言，以價值為核心的領導者實質上就是集體主義的領導者。領導者的自尊是奠基在一個比自身自尊心更高層次的架構之中，因此是受到抑制的狀態，這種類型的領導者比較不會擁護部族思維，因為他們的「部族」其實是一套價值，而不是一群企圖讓內團體取得優勢並支配外團體的人。這種領導者可以透過教育培養出抽象思維，進而獲得能力；也可以透過自我肯定來強化面對輕視的心理抵抗力，同時避免因為這種感受而採取以牙還牙的報復行為，最後導致不良後果。最後，他們還可以享有個人信心為創造力和革新帶來的種種優勢。

卡洛斯・戈恩和絕大多數的西方企業領導者一樣，賺進了令人眼紅的大把鈔票，這種程度的財富帶來的影響有如毒品，因此要堅守道德價值非常困難。如果想要把過度自信控制在合理程度，又同時從中獲益，我們就必須找出方法，來避免企業和政治領袖遭到危險劑量的金錢腐化，連大腦的運作模式都遭到竄改。

促成改變的信心

如果要預測未來十年的人生會發生什麼事，我們唯一可以確定的是，一定會有改變。改變會以前所未見的速度發生，原因就在於科技飛躍性地發展、氣候變遷以及疫情越演越烈。人工智慧、機器人和通訊技術會以超乎想像的方式瓦解我們的生活，再加上全球暖化等各種變化，會導致數以千萬計的人口遷移，並且橫掃各大產業。一有疏忽，這類技術將有可能加劇不平等的問題，而且嚴重到超出人類所能負荷的程度。

隨改變而來的可能是好的結果，也可能是壞的後果，所以在風險倍增的同時，機會也大量出現。科學的加速進展消滅了全球的天花和野生株小兒麻痺病毒、解決了飢荒問題，並且大幅延長了人類的預期壽命，就連最窮困的國家也受益。然而，要駕馭加速改變所帶來的好處，需要的是地球上每一個人類都不可或缺且不可動搖的一項特質，也就是信心。要是沒有信心為我們搭建通往未來的橋梁，面對席捲而來的變革海嘯，我們有可能會陷入坐以待斃的窘境。

改變使人焦慮，已發展世界普遍的焦慮感就是最好的證據。這種情緒會侵蝕信心，而緩解焦慮感的最佳解方也是信心。擁抱改變意味著我們必須優先達成一項目標：我們必須讓孩子有信心，他們才能在將來長達一世紀的人生中，從迎面而來的改變裡找到方向。有些國家如美國用了數十年的時間，試圖提振兒童的自尊心，但這並不是正確的目標。信心賦予我們的是行動的能力，這是自尊心所沒有的效果。

信心在高度穩定的社會中，並不算是珍貴的資源，不過科技的急劇變革將會導致穩定的社群變得罕見。我們必須找出方法，讓大眾乃至於全體人類為改變做更充分的準備，而要做到這一點，我們必須要變得有信心——不論是個人還是集體層面。

安娜是個十四歲的女孩，住在世界上某地的大城市。她需要什麼才能有信心地面對即將到來的改變？

最重要的是，安娜需要家庭來讓她感受到有人惦記著自己，也需要相信家人重視她的興趣和未來，至少要像對他們自己一樣重視。接下來，她應該要在運動、音樂、戲劇、舞蹈或一些其他領域累積成功經驗，達到建立信心的效果。安娜的家人和老師應該要告訴她，她的能力和性格並沒有定型，而是可以加以改變。她也應該要瞭解，焦慮和心情低落都是正常、健康的情緒，既可以駕馭也可以習得。安娜的家人應該要避免把重點放在她的學校班級排名，該注重的是以安娜的個人標準而言，她達成了什麼。

安娜很早就發現刻板印象是如何在人的大腦中發揮作用，當然也包括她自己的大腦，以至於對女性的表現造成妨礙。無論是科學、數學、運算、工程或其他相關科目，她都可以和任何男孩一樣熟練和精通。只要沒有偏見從中作梗，她就能發揮絕佳的視覺空間能力。

安娜應該要釐清她從家庭和學校學到的價值，她也應該要知道，肯定這些價值是防止批評、羞辱或霸凌侵蝕心靈的最佳方法之一。安娜所接受的教育讓她更具信心，因為抽象思維可以讓人感到更有權力和更有信心。強大的女性榜樣透過激勵人心的平台如「女性主導」，將她的社群媒體動態改頭換面。

安娜深知，如果想盡一份力來影響世界改變的方向，她需要與他人團結合作，並且培養集體信心以促成改變。打破窠臼並選出女性領導者的國家和組織，讓安娜深受啟發，她也瞭解到只要團結一心，個人也可以有非凡成就。

不過，安娜十分清楚群體有被民粹主義者綁架的風險，因而誤信過度簡化的解決方案。她明白這些男性——因為民粹主義者通常都是男性——深知如何操弄存在於所有人心中的原始部族衝動，這類人會利用內團體對外團體的偏見，來讓缺乏權力的群體覺得更有權力和有信心。然而，安娜可以判斷出這是一種造假、虛幻的信心。

隨著安娜漸漸成長，她也發現國家的貧富差距越大，弱勢且信心低落的人民就越傾向去尋找願意利用部族直覺的強力領導者。她明白女性和觀念相近的男性應該要合作，一起支持比較不會過度自信、對風險盲目和對權力上癮的領導者。此外，安娜知道為了達成上述的目標，科技進步帶來的財富以及乾淨、廉價的未來能源，都必須要更公平地分配。

她理解WEIRD類型的人生哲學有好有壞，過度分析的思維模式可能導致人陷入孤獨狀態，且無法找到人生意義。安娜透過閱讀得知，有些比較窮困的國家反而比她的國家有更多民眾覺得人生有意義。安娜在自己居住的地方觀察到一種了無新意、無助於精神層面的物質主義，並且發現自己的朋友因此焦躁不安、悶悶不樂，有些人甚至想嘗試藥物。話雖如此，她很清楚反理性分析、部族主義的人生哲學也有不少問題。所以，安娜想尋找的是堅守價值的領導者，有能力釐清全體人類的生存意義，並且讓人與人之間產生連結感和共同目標，來對抗如氣候變遷和疫情的共同敵人。安娜對於領導者的自尊陷阱非常警覺，也深知要避免這種陷阱，真正的價值不可或缺。

不論安娜住在地球上的哪一個角落，我們對她的要求都太多了，但是這個世界的每一位安娜和她的朋友——不論男女——都只有起身面對挑戰這個選項。安娜和朋友最需要的就是信心，他們要具備信心，才有辦法打造出由「可以做到」和「可以實現」組成、通往未來的橋梁。而要真正駕馭信心，他們不僅需要理解外在世界，也需要熟知自己與他人的內在世界。唯有充分掌握隨信心而來的威脅與機會，才能真正駕馭信心。

謝辭

我的妻子費歐娜・奧多爾蒂（Fiona O'Doherty）是我所認識最傑出的臨床心理醫師，如果沒有她的愛、支持和教導，我不可能寫出這本書。過去十年來妻子不斷告訴我，幾乎所有的人類行為都是由信心或缺乏信心形塑而成。本書的「案例研究」幾乎全數都是以真實人物為藍本加以改編，而我的工作就是解析妻子的觀察和洞見背後的科學原理。

如果沒有我的三個孩子——迪爾德麗（Deirdre）、盧埃里（Ruairi）和奈爾（Niall）帶來的啟發，這本書也不可能問世。親愛的夥伴，謝謝你們提出的各種評論、指正和發現。我還要向親愛的孫子多納（Donagh）表達謝意，謝謝他總是貼心地啃咬我的筆記本，也謝謝他的爸爸布萊恩（Brian）在封城時陪伴我們在冰冷的愛爾蘭海（Irish Sea）暢泳。感謝愛丁（Aedeen）在封城時期踏出充滿信心的步伐，還有謝謝吉姆（Jim）認真當個好哥哥。

深深感謝麗茲–安・麥勞克林（Lise-Anne McLaughlin）針對有關性別的章節提供一等一的評論，也謝謝好友巴比・麥多納（Bobby McDonagh）給了我許多意見和鼓勵。

Transworld的安潔雅・亨利（Andrea Henry）是位傑出的編輯，與她共事十分愉快。我十分感謝她悉心對待本書並仔細地完成編輯工作。

大大感謝我厲害的經紀人莎莉・霍洛威（Sally Holloway）並致上敬意，如果沒有她，我絕對寫不出這本書，更遑論前兩本著作。莎莉，謝謝妳提出各種想法、反應敏捷、判斷精準、嚴謹審視提案和文稿——還有多年來給予我溫暖的鼓勵。

最後，悲傷而真心地，我想要向本人及莎莉親愛的朋友暨同事費利西蒂・布萊恩（Felicity Bryan）道別，她在二〇二〇年六月二十一日離開人世。費利西蒂是我的第一位經紀人，這位傑出的人物用生命力、才智和信心，點亮了許多人的人生。

資料來源書註

由於全書註解、文獻、資料來源繁多，完整資料來源書註請參照網站。

網址：https://www.crown.com.tw/425136remark.pdf

國家圖書館出版品預行編目資料

自信練習：內向者的氣勢培育，成功者的後天素養／伊安．羅伯森著；廖亭雲譯--初版.--臺北市：平安文化, 2022.9　面；公分. --（平安叢書；第0732種）（UPWARD；136）
譯自：How Confidence Works: The New Science of Confidence, Where It Comes From, How it Can be Learned and How it Spreads.
ISBN 978-626-7181-12-6（平裝）

1.CST: 自我肯定 2.CST: 自信 3.CST: 成功法

177.2　111012857

平安叢書第0732種
UPWARD 136

自信練習

內向者的氣勢培育，成功者的後天素養

How Confidence Works: The New Science of Confidence, Where It Comes From, How it Can be Learned and How it Spreads.

作　　者—伊安．羅伯森
譯　　者—廖亭雲
發 行 人—平雲
出版發行—平安文化有限公司
台北市敦化北路 120 巷 50 號
電話◎ 02-27168888
郵撥帳號◎ 18420815 號
皇冠出版社（香港）有限公司
香港銅鑼灣道 180 號百樂商業中心
19 字樓 1903 室
電話◎ 2529-1778　傳真◎ 2527-0904
總 編 輯—許婷婷
執行主編—平靜
責任編輯—黃馨毅
美術設計—江孟達工作室、李偉涵
行銷企劃—許瑄文
著作完成日期— 2021 年
初版一刷日期— 2022 年 9 月

法律顧問—王惠光律師

讀者服務傳真專線◎ 02-27150507
電腦編號◎ 425136
ISBN ◎ 978-626-7181-12-6
Printed in Taiwan
本書定價◎新台幣 420 元 / 港幣 140 元